做智慧领导

刘玉瑛 著

中国出版集团
中国民主法制出版社
全国百佳图书出版单位

图书在版编目（CIP）数据

做智慧领导 / 刘玉瑛著. — 北京 : 中国民主法制出版社, 2022.11
ISBN 978-7-5162-2969-9

Ⅰ. ①做… Ⅱ. ①刘… Ⅲ. ①中国共产党 - 干部教育 - 学习参考资料 Ⅳ. ①D262.3

中国版本图书馆CIP数据核字（2022）第194195号

图书出品人： 刘海涛
出 版 统 筹： 石 松
责 任 编 辑： 张佳彬 高文鹏 刘险涛

书　　名/ 做智慧领导
作　　者/ 刘玉瑛 著

出版 · 发行/ 中国民主法制出版社
地址/ 北京市丰台区右安门外玉林里7号（100069）
电话/（010）63055259（总编室） 63058068 63057714（营销中心）
传真/（010）63055259
http：// www.npcpub.com
E-mail： mzfz@npcpub.com
经销/ 新华书店
开本/ 16开 690mm × 980mm
印张/ 14 **字数/** 180千字
版本/ 2022年11月第1版 2022年11月第1次印刷
印刷/ 三河市嘉科万达彩色印刷有限公司

书号/ ISBN 978-7-5162-2969-9
定价/ 45.00元

前言

现今世界上，聪明的领导多如繁星，但智慧的领导则寥若晨星。“聪明”和“智慧”，貌似意思差不多，其实，二者不能画等号，它们有着天壤之别。

聪明是一种生存的能力，智慧则是一种生存的境界。聪明得益于先天遗传，可以与生俱来；而智慧则受惠于后天修炼，必须通过后天的学习修养才能达到，所谓慧由心生。我们可以说一个孩子很聪明，但不夸赞他很有智慧，就是这个道理。

聪明的人知道自己能做什么，而智慧的人不仅知道自己能做什么，还清楚自己不能做什么；聪明的人能拿得起，智慧的人不仅能拿得起，还能放得下；聪明的人善于把自己闪光的一面表现出来，而智慧的人不仅善于把自己闪光的一面表现出来，更善于让别人把闪光的一面表现出来；聪明的人为得到了自身的利益、眼前的利益而沾沾自喜，智慧的人不谋自身之利，而为百姓谋利，不仅谋取眼前之利，更关注长远之利。这就是《钱氏家训》中所谓“利在一身勿谋也，利在天下者必谋之；利在一时固谋也，利在万世者更谋之”。

明代著名文学家、思想家冯梦龙在他所编撰的《智囊》一书的自叙中说过这样一段话：“人有智，犹地有水；地无水为焦土，人无智为行尸。智用于人，犹水行于地，地势坳则水满之，人事坳则智满之。周览古今成败得失之林，蔑不由此。”

冯梦龙这是用比喻的方式来强调智慧对一个人的重要性。在冯梦龙看来，人有智慧，就像土地有水一样。土地没有水，就会成为一片焦土；人没有智慧，就是行尸走肉。智慧作用在人身上，就像水在土地上流淌，地势低凹之处，水多，为人处世低调，则智慧充溢。纵观古今成败得失，莫不由此。

领导需要智慧，智慧成就事业。古今中外，凡能成就事业者，往往都具有智慧；古往今来，凡能成就大事业者，常常都具有大智慧。智慧和事业成正比。

领导干部要成就事业、成就伟大的事业，需要修炼自己的智慧、修炼自己的大智慧。如何修炼自己的智慧、修炼自己的大智慧，本书从多个角度做了思考，希望能对大家有所帮助。

我撰写此书，并不是说我多有智慧。相反，我知道自己聪明尚可，但智慧不足。知不足，然后补不足，也算是一种智慧吧，这本书也是我补不足的思考。

犹太谚语说："人类一思考，上帝就发笑。"对于作者来讲，读者就是"上帝"，但愿我的"思考"不要让"上帝"发笑。

在撰写本书的过程中，许多专家、学者所撰写的专著和论文，给了我许多启迪。同时，本书也引用了一些经典古文、历史事件以及现代书籍中叙述的典型案例和网络媒体报道的真实资料，在此，我谨向这些文字权利所有者致以诚挚的谢意。

同时，我还想对北京华景时代文化传媒有限公司的朱文平先生和刘雅文女士说一句"谢谢"！他们为本书的"问世"付出了辛勤的劳动。

刘玉瑛

2022 年 10 月 25 日

目 录

四、处世智慧
——人生通达的千古良方

五、谋事智慧
——做事成事的前提条件

六、做事智慧
——做人做官的价值体现

七、用人智慧
——治国经邦的决定因素

八、沟通智慧
——人际关系的纽带和桥梁

九、涵养智慧
——成就卓越的领导干部

一、政治智慧

——政治生命常青的保证

领导干部要讲政治，讲政治就需要具有政治智慧。所谓政治智慧，是领导干部在政治活动中所表现出来的聪明才智。它包括政治眼光、政治立场和政治态度，包括政治敏锐性、政治辨别力和政治领悟力，包括在错综复杂的政治环境中所保持的清醒头脑和政治远见。

智慧领导虽然是综合素质的体现，但首要而核心的一点，就是要具有政治智慧。领导干部是否具有政治智慧、政治智慧的多寡，都直接关系到自身政治生命的兴衰与政治前途的有无，这是因为政治标准是我们党选拔任用干部的首要标准。

政治是复杂的，领导干部作为政治活动的从事者与政治关系的承担者，面对复杂的政治局势，只有具有政治智慧，才能“花繁柳密处拨得开”“风狂雨骤时立得定”，才能“不畏浮云遮望眼”“乱云飞渡仍从容”。

1. 超越常人的政治眼光

中国共产党选拔任用干部有多种标准，但排在首位的是政治标准。“选什么样的人？就是要坚持好干部标准，把政治标准放在第一位。政治标准是硬杠杠。这一条不过关，其他都不过关。如果政治不合格，能耐再大也不能用。”[①]《党政领导干部选拔任用工作条例》第三条规定：“选拔任用党政领导干部，必须把政治标准放在首位。”这都非常明确地告诉领导干部，如果在政治上不达标，选拔任用领导干部这件大事就跟你无缘了。

领导干部要在政治上达标，必须具有超越常人的政治眼光。政治是涉及政权、涉及全局、涉及党和国家命运、涉及人民群众根本利益的大事。领导干部具有政治眼光，才能在纷繁复杂的政治现象中保持政治定力，看清政治逻辑走向。

所谓政治眼光，就是能从政治的视角观察问题、分析问题和解决问题。观察问题、分析问题、解决问题，首先要把握政治因素。这也是领导干部讲政治的必需。领导干部要具有超越常人的政治眼光，需要做到以下几点。

第一，具有政治敏锐性。敏锐，是感觉灵敏，眼光锐利。所谓政治敏锐性，是指领导干部思想灵敏，眼光锐利，能时时处处

① 习近平：《在全国组织工作会议上的讲话》，人民出版社 2018 年版，第 19 页。

从政治上看问题、想问题。

政治敏锐性是领导干部讲政治必备的素质，是政治上成熟的一个标志。领导干部具有了政治敏锐性，即便是某种政治事物刚刚萌芽，状况混沌，性质不清，趋势不明，他也能看清起于青蘋之末的风向。

领导干部要提高政治敏锐性，思想必须有深度。深度，是指触及事物本质的程度。而所谓思想深度，就是对问题和现象认识深入的程度。

思想肤浅的人，对问题和现象的认识，常常只停留在表面，无法做到深刻，眼光无法达到锐利。而思想有深度的人，能抛开表象，直指问题的核心。也就是说，领导干部在思考问题时，不局限于问题的表象，而是能着眼于问题的本质，逐渐由表及里，进而实现对问题的深入思考。

第二，具有政治鉴别力。鉴别，是指通过仔细的观察或审视，分辨出事物的真假。所谓政治鉴别力，是指领导干部通过对事物的仔细观察或审视，从政治上分清是非、辨别真假、区分善恶。政治鉴别力，是领导干部具有超越常人政治眼光的前提和保证。

细节在于观察。领导干部提高政治鉴别力，必须善于观大势、察细微，在观察中思考、领悟，通过观察发现事物的本质。

领导干部善于察细微，才能从细枝末节中观察变化、发现问题，从而在第一时间作出正确判断，把握住工作的主动权。

观察是认识客观事物的重要方法。视觉生理学研究证明：一个正常的人从外界所接收到的信息，有 90% 以上是从视觉通道输入的，人的大量知识也是通过这种途径获得的。

观察虽然是用眼睛看，但却不是一般地看。它要用脑去想，用心去体会、去感觉。走马观花，是称不上观察的。

法国著名作家莫泊桑说过："必须详细地观察你所要表达的东西，时间要长，而且要全神贯注，才能从其中发现迄今还没有看到与说过的那个方面。"观察细，观察透，才能了解事物的本质，把握事物的特点和发展规律。

1959 年 4 月，毛泽东在党的八届七中全会上作了关于工作方法问题的重要讲话。他在讲话中指出："要善于观察形势，脑筋不要硬化。形势不对了，就要有点嗅觉，嗅政治形势，嗅经济空气，嗅思想动态。"①

领导干部有嗅觉，才能嗅出政治形势的变化，嗅出经济空气的味道，嗅出思想动态的起伏，这有利于作出正确的判断。

第三，具有政治洞察力。洞察，是看穿，能深入、清楚地察知事物的本质。所谓政治洞察力，是领导干部能从政治上深入、清楚地察知一些事情的本来面目和本质特征。

领导干部要具有超越常人的政治眼光，政治洞察力也是不可或缺的。那些在极其短暂的时间内，就能拨开迷雾、看透事物本质的领导干部，和用了很长时间都看不懂事物本质的领导干部，

① 中共中央文献研究室编：《毛泽东年谱（1949—1976）》第 4 卷，中央文献出版社 2013 年版，第 9 页。

注定有着截然不同的仕途命运。

领导干部要提高政治洞察力，必须建立自己的哲理思维框架。

列宁在读克劳塞维茨《战争论》一书时，曾摘录了这样一段文字："生活中最重要的事就是探求一种可据以理解和评价一切事物的观点，并坚持这一观点。因为只有根据一个观点，我们才能从许许多多的现象中掌握其统一性，只有具有一个统一的观点，我们才不致陷于矛盾。"

这种能统御一切事物、一切现象的观点，就是哲学上所说的本原。

《庄子·养生主》有言："吾生也有涯，而知也无涯。以有涯随无涯，殆已！"庄子的意思是说，我们的生命是有限的，而知识是无限的，要想用有限的生命去追求无限的知识，就会很疲倦了。因此，人类历史上有智慧的人，都试图直接抓住万事万物的本原，而不是去专注于现象或表象。

现象世界是多姿多彩、无限纷繁的，追逐现象或表象莫如探求本原。古希腊米利都学派认为，万物的本原是水；毕泰戈拉派认为，"一"是万物的本原；赫拉克利特认为，"世界是一团不断转化的活火"；老子说"道生一，一生二，二生三，三生万物"，道是万物的本原；宋明理学家认为，"理"是万物的本原，如陆九渊说："千万世之前，有圣人出焉，同此心同此理也。千万世之后，有圣人出焉，同此心同此理也。东南西北海有圣人出焉，同此心同此理也。"

马克思主义认为，世界的统一性是物质，即物质是万物的本原。

如果领导干部能从本原论出发，建立起自己的哲理思维框架，那么，他面对纷繁复杂的现象世界，就能在一个高层次上把握其本质，在各个学科之间、各种学说之间看到它们的内在联系，这样他关于事物的见识、见解，也就不是零碎的、割裂的，他就能从世界万象中掌握其统一性，而不致陷于矛盾之中。

而要抓住事物的本原，建立自己的哲理思维框架，不可能通过接受某种现存理论模式而达到。这需要领导干部有一种不断地追求真理、探求真知的精神，需要不懈的努力，他才可能逐步增长见识，扩大见解，使他的精神境界、智慧不断地跃上更高的层次。

纵观古今中外历史，成就大业者皆有着超越常人的政治眼光。毛泽东就是典型的一位。

1949 年 3 月 5 日，在中国革命取得全国胜利的前夕，许多人产生了“船到码头车到站”的懈怠情绪。而毛泽东清醒地认识到：“因为胜利，党内的骄傲情绪，以功臣自居的情绪，停顿起来不求进步的情绪，贪图享乐不愿再过艰苦生活的情绪，可能生长。因为胜利，人民感谢我们，资产阶级也会出来捧场。敌人的武力是不能征服我们的，这点已经得到证明了。资产阶级的捧场则可能征服我们队伍中的意志薄弱者。可能有这样一些共产党人，他们是不曾被拿枪的敌人征服过的，他们在这些敌人面前不愧英雄的称号；但是经不起人们用糖衣裹着的炮弹的攻击，他们在糖弹面前要打败仗。我们必须预防这种情况。”[①]

为了预防发生这种情况，他要求全党“务必使同志们继续地保持谦虚、谨慎、不骄、不躁的作风，务必使同志们继续地保持艰苦奋斗的作风”[②]。

这是何等的清醒！而这种清醒就源于毛泽东有着超越常人的政治眼光。

当他人有“船到码头车到站”的懈怠情绪时，当别人有“老婆孩子热炕头”的不求进步思想时，毛泽东敏锐地看到这种情绪、思想带来的危害，及时地向全党敲响了警钟。

2. 大关节处有清醒头脑

“难得糊涂”，在现实生活中是挺时髦的话语。一些人经常把它挂在嘴边，甚至有的领导干部还在办公室里悬挂着写有“难得糊涂”的书法作品，以此来警醒自己“难得糊涂”。

作为一般人，“难得糊涂”是他自己的价值选择。不管他是真糊涂，还是揣着明白装糊涂，都无可厚非。但是，作为领导干部，其职业的特殊性决定着有些事情可以“难得糊涂”，但有些事情

① 《毛泽东选集》第 4 卷，人民出版社 1991 年版，第 1438 页。
② 《毛泽东选集》第 4 卷，人民出版社 1991 年版，第 1438 —1439 页。

是糊涂不得、绝对不能糊涂的。

比如，在个人物质利益的得失上，在个人生活的质量上，领导干部“难得糊涂”值得推崇。因为在这些问题上，“难得糊涂”，就不会斤斤计较；“难得糊涂”，就不会锱铢必较。这种糊涂，其实是真聪明、真智慧，不是真糊涂。如果是糊涂，也是“糊涂难得”。

但是，在政治上，在大节上，在工作中，在利害权衡上，领导干部决不能“难得糊涂”。要是“难得糊涂”，就是真糊涂。真糊涂，就会糊里糊涂地逾越底线，糊里糊涂地犯错误，甚至是糊里糊涂地走向了犯罪，走向了不归路。

2002 年 1 月 10 日上午，广西钦州市中级人民法院对广西壮族自治区交通厅原党组书记兼副厅长褚之田进行宣判。

法院以受贿罪判处褚之田有期徒刑 9 年，处没收个人财产 10 万元，收受贿赂款 46.58 万元、3000 美元，予以没收；以巨额财产来源不明罪，判处其有期徒刑二年，追缴 132 万多元来源不明的巨额财产和 198 万元非法所得。两罪并罚，决定执行有期徒刑 10 年。

在法庭上，褚之田对检察机关指控他收受贿赂的事实基本予以承认。他认为自己犯受贿罪是“对法律认识不够”“不知自己当时的行为是在犯罪”。

褚之田“不知自己当时的行为是在犯罪”一语让我“糊涂”了：他曾经担任过钦州市委书记，事发落马时担任广西壮族自治区交通厅党组书记兼副厅长，一个堂堂的市委书记、交通厅党组书记兼副厅长居然不知道收人钱财是犯罪？不知他是真糊涂，还是装糊涂。不管他是真糊涂，还是装糊涂，他居然能说出这种话来，做出这种事来，也足见他不是一个明白人，是个“大糊涂”。

事实上，像褚之田一样的“糊涂人”还大有人在。那些落马的领导干部，我认为，他们哪一个都不是明白之辈。

表面上看，这些人都很精明，其实，他们愚蠢得很，糊涂得很。党纪国法是高压线，触碰高压线不是找死吗？生命都没有了，所囤积的贪污受贿来的钱财，对他来说又有什么用？

智慧领导在小事上可能糊涂，但在大事上、大关节处会保持清醒的头脑。

《宋史·吕端传》记载：宋太宗打算任命吕端为宰相。有人对他说：“吕端为人糊涂。”宋太宗说：“吕端小事糊涂，大事不糊涂。”遂决意提拔吕端为宰相。

何谓“小事糊涂”？就是对那些只涉及个人利害得失、不关涉原则大道的问题，不在意，不计较。

吕端在“小事”上是如何“糊涂”的呢？这里不妨举例说明。

有一年，宋太宗把朝中大臣李惟清从掌管全国军事的枢密使位子上换下来，让他去当负责监察百官的御史中丞。虽然是平调，但实际权力有了一些变化。

李惟清认为这是吕端从中使的坏，便趁吕端病休在家，没有上朝之时，向皇上参了他一本。

吕端知道这件事情之后，淡然地说：“我一生行得正，坐得直，从来不做对不起别人的事，这些风言风语不值得去多想。”（“吾直道而行，无所愧畏，风波之言不足虑也。”）

吕端为官清廉，从来不贪污受贿，即使是自己应得的那份俸禄，他也经常拿出来周济别人，以至于在吕端去世之后，他的两个儿子竟因生活困难而没有钱结婚。最后，他们只好把房产抵押给别人。

在常人眼中，吕端的做法是糊涂的。别人到皇帝那里去告你的状，你怎么能听之任之？你有宰相之尊，怎么能让你的后人贫困至此？真是糊涂到了极点。

何谓“大事不糊涂”？就是对关涉国家大政方针的问题，原则坚定，是非分明。大家看看吕端在大事上是怎样不糊涂、始终保持头脑清醒的。

宋太宗得了重病，当时，宋真宗还是皇太子，吕端每天都随太子到宋太宗病榻前问安。

宋太宗病危时，内侍王继恩担心有才干的太子继位会妨碍自己专权，就跟参知政事李昌龄、殿前都指挥使李继勋、知制诰胡旦等密谋立楚王元佐为帝。

太宗驾崩，李皇后让王继恩去召见吕端。吕端觉察其奸，当即将王继恩锁在阁内，自己前往皇宫去说服李皇后奉真宗即位。

太子继位，垂帘召见群臣。吕端站在殿下不拜。他请人打开帘子，并登殿看清楚确实是原先的太子之后，才退殿率领群臣下拜。

这就是“小事糊涂，大事不糊涂”的吕端。

我认为，吕端的“小事糊涂，大事不糊涂”是很值得推崇的。因为一个在个人得失面前斤斤计较不吃亏的人，是很难在大是大非面前坚持原则、保持清醒头脑的，也是难有智慧的。

领导干部怎样才能做到“小事糊涂，大事不糊涂”？下面的几点需要注意。

第一，分清何为大事，何为小事。人生有大事，也有小事。什么是大事，什么是小事，领导干部要有清醒的头脑来分辨。

对于领导干部来讲，关系到党和国家、人民和民族利益的事就是大事；关系到个人非原则的恩怨、得失的事就是小事。

第二，小事别去计较，大事坚持原则。既然分清了什么是小事，什么是大事，那么，领导干部在个人恩怨、个人得失面前，就应该糊涂一些，别去斤斤计较；而在涉及党和国家、人民和民族利益的事情面前，就要看清要害，坚持原则，是非清楚，毫不含糊，处理有准则。

事实上，领导干部在小事上“糊涂”，不是真糊涂，而是一种理性、坦然的“糊涂”，是清醒中的“糊涂”。这种理性、坦然、清醒的“糊涂”，能让领导干部跳出自我私利的圈子，从而为智慧领导奠定基础。

领导干部在大事上的清醒，是真清醒。这种真清醒，是一种顾全大局的清醒，是一种坚定的党性原则的清醒，是一种远见卓识的清醒。叶剑英就是这样的清醒之人。毛泽东曾经送给他两句话："诸葛一生唯谨慎，吕端大事不糊涂。"

毛泽东为什么要借吕端来评价叶剑英？主要是因为叶剑英能在大关节处看清要害，做事情有大局意识。

1922 年 6 月，粤军总司令陈炯明叛变，炮轰总统府，阴谋加害孙中山，情势危急万分。此时，年仅 25 岁的叶剑英为海军陆战队营长，他不顾自身安危，护卫孙中山登上"宝壁"舰，后改乘"永丰"舰前往黄埔。

孙中山在广州蒙难 50 天，叶剑英始终率部捍卫孙中山，保护他的安全。由于叶剑英等人英勇斗争，终于使陈炯明篡夺革命政权的阴谋没能得逞。

1926 年北伐军打下南昌，蒋介石让叶剑英做其嫡系第一军第一师的师长，叶剑英予以拒绝。

1935 年长征途中，张国焘密令陈昌浩率右路军南下，叶剑英获知密令，意识到此事关系重大，情况万分危急，便设法将此事报告给了毛泽东，保证了党中央和中央红军按原计划北上。

1986 年 10 月 22 日叶剑英逝世时，中共中央的悼词称他"在重大的历史转折关头，敢于挺身而出，毫不犹豫地做出正确的决断"。

领导干部应该知道，在大事上、大关节处清醒的人，才会成为能谋大局、堪当大任、能办大事、能担重任的栋梁之材，也才是真智慧。

3. 领导的政治生存法则

“领导干部要讲政治”，是中国共产党对领导干部始终如一的要求。

领导干部讲政治不仅要在社会政治生活中严格践行讲政治的要求，还要明确政治生存法则，这样才能真正解决自身的政治素质问题，涵养政治智慧。

第一，旗帜鲜明讲政治。旗帜鲜明讲政治是我们党作为马克思主义政党的根本要求。领导干部的政治生存法则的首要之点，就是要旗帜鲜明讲政治。领导干部是否讲政治，既关系到党和人民事业的发展，也关系到自身政治生命的兴衰与政治前途的有无。这是因为政治标准是我们党选拔任用干部的首要标准。

第二，审时度势，与时俱进。审时度势，是观察分析时势，估计情况的变化；与时俱进，是随着时代的发展而不断发展。

领导干部唯有审时度势，与时俱进，才能认清形势，了解时代潮流，才能不做违逆历史潮流的事情，才能不被时代所抛弃。所谓“识时务者为俊杰，通机变者为英豪”。

“识时务者为俊杰，通机变者为英豪”出自《晏子春秋》。在晏子看来，认清时代潮流形势的人，才能成为出色的人物；能灵活变通的人，才是英雄豪杰。

晏子，名婴，是春秋时期著名的政治家、思想家，为齐国上大夫。历仕齐灵公、庄公、景公三朝，辅政长达50余年，以有政治远见、外交才能而闻名于诸侯。

1916年9月15日，农历八月十八，孙中山应海宁人士之邀，偕夫人宋庆龄登上新落成的天风海涛亭，观钱塘江大潮。面对势如万马奔腾、状如雪山、排山倒海般奔涌而来的大潮，孙中山深为感慨。

事后，孙中山感怀海宁观潮的经历，写下了“世界潮流，浩浩荡荡，顺之则昌，逆之则亡”的名句。这一名句如黄钟大吕不断地在历史中鸣响，告诫人们，要顺应人类社会发展的客观规律做事，与时俱进，不能逆历史潮流而动。

第三，顺应民心，为民谋利。领导干部必须具有顺应民心、为民谋利的政治本领。

“民心是最大的政治”，这是马克思主义的政治观。“紧扣民心这个最大的政治”，就是坚持马克思主义的政治观。领导干部做工作，必须紧扣民心这个最大的政治，把赢得民心民意、汇集民智民力作为重要着力点。

中国共产党为什么能取得新民主主义革命的胜利，夺取了政权，建立了中华人民共和国，就是因为中国共产党紧扣了民心这个最大的政治。

古人云："得民心者得天下，失民心者失天下。"从世界政党史来看，人心的向背决定着政党的兴衰成败，这是一条政治铁律。什么决定民心的向背？简单来说，一句话：利益、需求的得失，决定着民心的向背。

"打土豪，分田地"，是中国共产党发动农民群众起来闹革命的政治宣传口号。这"六个大字"唤起了中国的劳苦大众，他们在这种能得到实际利益的过程中，义无反顾地跟着中国共产党浴血奋战，直到取得革命的最后胜利。马克思曾经深刻地指出："人们奋斗所争取的一切，都同他们的利益有关。"

谁忽略了这"基本而又基本的政治真理"，谁就会为此付出沉重的代价。

因此，为人民群众谋利益，给人民看得见的物质福利，就是中国共产党"紧扣民心这个最大的政治"的一条重要的经验。

领导干部顺应民心，为民谋利，必须重视经济问题。"政治是经济的最集中的表现"，这是马克思主义政治观的一个最基本的观点。

马克思主义认为，政治以其特定的社会作用，体现着社会经济关系，体现着特定社会的各种经济利益和要求。这就是说，政治关系的建立和运行，从根本上来讲，是由经济关系所决定的，体现着经济关系的要求。

当然，政治也能反作用于经济。一个好的政治体制是可以促进经济发展的。

这就是人们常说的，经济基础（生产关系的总和）决定上层建筑，上层建筑又反作用于经济基础。

第四，解决实际问题的能力。凡是智慧领导都不是平庸的领导，都不是只会喊口号而不会解决实际问题的领导，他们有着超强的解决实际问题的能力，能解决工作中遇到的各种复杂的实际问题。这就需要领导干部具有以下能力要求。

一是政治能力。政治能力，从它的实践性上来说，就是把握方向、把握大势、把握全局的能力，就是保持政治定力、驾驭政治局面、防范政治风险的能力。领导干部在“干好工作所需的各种能力中，政治能力是第一位的。有了过硬的政治能力，才能做到自觉在思想上政治上行动上同党中央保持高度一致，在任何时候任何情况下都能‘不畏浮云遮望眼’、‘乱云飞渡仍从容’”[①]。

二是调查研究能力。调查研究是领导干部做好工作的基本功。调查研究是理论联系实际不可或缺的桥梁和纽带。毛泽东强调指出，“一切实际工作者必须向下作调查。对于只懂得理论不懂得实际情况的人，这种调查工作尤有必要，否则他们就不能将理论和实际相联系”[②]。毛泽东就是通过调查研究这一桥梁把马克思主义理论同中国革命具体实践相结合的。

三是科学决策能力。决策，是决策主体为了解决某一问题，

① 《习近平在中央党校（国家行政学院）中青年干部培训班开班式上发表重要讲话强调 年轻干部要提高解决实际问题能力 想干事能干事干成事》，《人民日报》2020 年 10 月 11 日。

② 《毛泽东选集》第 3 卷，人民出版社 1991 年版，第 791 页。

根据主客观条件，对未来的行动方案进行设计、选择，并作出决定的过程。

决策，是领导干部的主要职责，是确定方针、策略的大计活动，是整个领导工作的关键与核心。

毛泽东说："领导者的责任，归结起来，主要地是出主意、用干部两件事。"[①]"出主意"是决策，"用干部"也是决策，即使再民主，最后也需要领导拍板。

邓小平讲："我的抓法就是抓头头，抓方针。"[②]"抓头头"是用人，"抓方针"就是决策。

刘伯承元帅告诫各级指挥员："不能将自己等同于一个冲锋陷阵的士兵，因为你还要发号施令，这是决定成败的关键，光有吕布之勇，夏侯之猛还远远不够，还必须有子房之谋，孔明之智……"这里的"谋""智"，都是决策。

四是变革创新能力。变革创新才能顺应时代发展的大势。古人云："天下之治，有因有革，期于趋时适治而已。"（《宋史·徐禧传》）这段话的意思是说，治理天下的方法，有继承有变革，但都是为了能合乎时代需要，达到治理的目标罢了。

《韩非子·五蠹》中有言："世异则事异""事异则备变"，这两句话的意思是说，时代不同了，社会上的事情也就不一样了；社会上的事情不同了，治理的政治措施就要跟着改变。该书又言：

① 《毛泽东选集》第2卷，人民出版社1991年版，第527页。
② 《邓小平文选》第2卷，人民出版社1994年版，第70页。

“如欲以宽缓之政治急世之民，犹无辔策而御悍马，此不知之患也。”这句话是说，如果想用儒家所提倡的宽松的整治措施去治理在急剧变动时代的民众，就好像没有缰绳和马鞭去驾驭凶悍的马一样，这是不明智所造成的过错。

当今世界正经历百年未有之大变局。世界经济重心在变，世界政治格局在变，全球治理角色在变，科技与产业在变，而且新冠肺炎疫情对我国经济和世界经济产生了巨大冲击。这种种变局和巨大冲击，既是机遇也是挑战。

不管是机遇还是挑战，都需要领导干部具有变革创新的能力，才能顺应时代之大变局。

五是应急处突能力。所谓应急处突，就是应对紧急事件和处理突发事件。

在新的历史发展阶段，国内外环境都发生了深刻而重要的变化，“黑天鹅”随时会降临，“灰犀牛”随时会袭来。“黑天鹅”虽然是小概率事件，风险却很高，一旦发生，又应对不当，就可能造成致命的损害；“灰犀牛”虽然是大概率事件，但潜在的风险也极大。

六是群众工作能力。群众工作，主要是指宣传教育群众，尊重依靠群众，组织引导群众，帮助群众提高思想政治觉悟，调动群众的积极性、主动性和创造性，使之参与到党所领导的各项工作中来的一项社会实践活动。

群众工作是我们党的优良传统和最大政治优势，始终是我们党立于不败之地的根基。也正因如此，党始终要求各级领导干部要增强群众工作能力。

七是抓落实能力。抓落实是领导工作中一个极为重要的环节，是领导干部基本而重要的职责。职责，是职务上应尽的责任。虽然领导干部有各种各样的职责，但从领导活动的一般过程来讲，领导干部的基本职责主要有两项：一是作出正确决策，二是抓好决策的落实。

4. 用权讲艺术别玩权术

马克思主义认为，政治的核心问题是国家政权问题。以政权为核心的人与人之间的政治关系就是权力，而以政权为核心的权力问题是革命的根本问题。

领导干部作为权力的执掌者，正确对待权力、使用权力，也是讲政治的题中应有之义。

史书上曾经记载了这样一个故事。岑文本是唐朝宰相。贞观十八年（644 年），岑文本被唐太宗任命为中书令，负责起草朝廷的诏令。

升官之后，他面带忧郁地回到家中。母亲见状，问他："升官应该高兴，为何面有忧色？"岑文本告诉母亲："无功受禄，深感不安；责任重大，忧虑不已。"有人来向他表示祝贺。他说："我只接受安慰，不接受庆贺。”

有人劝他多置些田产，他叹道：“我是南方的一介平民，徒步入关，往日的希望，不过是做个秘书郎、当个县令罢了。我现在没有汗马之劳，只因文墨致位中书令，这也是到极点了。承受俸禄之重，已使我很恐惧了，怎么还能再谈置买田产呢？”

岑文本为何升官而忧？原来他深知权力与责任的关系，为此他敬畏自己手中的权力。一个封建官吏尚且能有如此深刻的认识，我们新时代党的领导干部更应该认识深刻，敬畏手中的权力，正确用好权力。

一般而言，领导干部的权力运用有讲艺术与玩权术之分。如何区分是讲艺术还是玩权术？

简单来说，用权讲艺术，权力运用出于公心，权力运作公开透明；用权玩权术，权力运用谋于私利，权力运作秘而不宣。

权力运用讲艺术还是玩权术，有着不同的运用结果。权力运用讲艺术，在领导活动中展现的是真、善、美的境界，赢得的是下属真心实意的追随；权力运用玩权术，在领导活动中渗透的是假、恶、丑的阴谋，获得的是众叛亲离的结果。这种不同的结果，注定了领导干部在权力运用的选择上，应该选择前者而不是后者。

用权讲艺术，不玩权术，用权要出于公心。宋代著名思想家朱熹曾经说过这样一段话：“官无大小，凡事只是一个公。若公时，做得来也精彩。便若小官，人也望风畏服。若不公，便是宰相，做来做去，也只得个没下梢。”

朱熹的意思是说，做官无论大小，都要秉公办事。如果秉公办事，怎么做都精彩。即使是位低权小，人们也会望风畏服；如果不能秉公办事，即使是宰相，使尽各种手段和伎俩，也没有个好结局。

朱熹的话说得真是非常有见地。一个公道正派、用权出以公心的领导干部，才能获得人民群众的认同、信任和追随；反之，他就会走向人民的反面，成为孤家寡人，甚至成为人民的罪人。

用权讲艺术，不玩权术，用权就要公开透明，让权力在阳光下运行。权力公开透明，权力在阳光下运行，便于人民群众有知情权，有利于人民群众监督，这是防止领导干部腐败的一剂良药。

领导干部用权接受群众的监督，并不是给自己套上紧箍，而是有益于自己少犯错误，甚至不犯错误。

权力是有腐蚀性的，腐败是权力的影子。要消除腐败，权力必须在阳光下运行。

有人说，权力产生腐败。事实上，拥有权力并不必然产生腐败，滥用权力才是腐败滋生的根源。因此，领导干部艺术用权，就要依法用权、以职用权、科学授权。

第一，依法用权。依法用权，就是在法律、制度、政策的规定范围内行使手中的权力，而不能以言代法、以权压法，凡事自己说了算。因此，领导干部在运用权力时，要养成遇事找法、办事依法、解决问题靠法的行为习惯。

在走向法治时代的今天，领导干部绝不能挑战法律的权威。

即使一个人位高权重，挑战法律的权威也是会受到惩处的。挑战法律权威的结果，则是为法律所严惩。

因此，领导干部要确立法律至上的理念，在领导活动中，以法律为最高准则，严格按照法定权限和程序行使权力、履行职责。做到法定职责必须为，法无授权不可为。

第二，以职用权。所谓以职用权，就是在自己的职责范围内充分地行使权力，既不失职缺位，又不擅权越位。

领导干部在使用权力时，先要明确自己的职责范围，并认真履行职责，但不能越位侵权。请看陈平的故事。

陈平，是汉文帝时的左丞相。一天，汉文帝上朝时，问右丞相周勃说："全国一年判决多少案件？"周勃抱歉地说不知道。汉文帝又问："全国一年钱粮收入和支出多少？"周勃又抱歉地说不清楚。周勃两问两不知后，既恐慌又羞愧，汗流浃背。

汉文帝见周勃回答不出，便又以同样的问题问左丞相陈平。陈平回答说："这些事都有主管的人。"

文帝问："主管的人指的是谁？"陈平告诉汉文帝："陛下如果问案件处理，可责成廷尉回答；陛下要是问钱粮收支情况，可责成治粟内史回答。"

汉文帝对陈平的这几句话似乎有些不满，说："既然每件事都有主管的人，那么你所主管的事是什么呢？"

陈平见皇上面露不悦之色，忙谢罪说："陛下不知道我才能低下，让我居宰相之位。所谓宰相，其职责是上辅皇帝协调阴阳，顺应四时；下使万物在合适的环境里发育成长；对外镇抚四方未开化之民族和诸侯，对内团结百姓，使卿大夫都能称职尽责。”听了陈平的这番话，汉文帝转不满为高兴，称赞陈平答得好。

右丞相周勃惭愧得无地自容，出来后埋怨陈平说：“你为什么平时不教教我怎样和皇上对答呢？”陈平笑着说：“你身居宰相之位，不知道宰相的责任吗？如果陛下问长安城里有多少盗贼，你想硬编个数字回答清楚吗？这是办不到也不必要的呀！”

陈平是智慧的，他的智慧在于清楚地知道自己的职责范围。也正因如此，他才没像周勃那样尴尬，而让皇上龙颜大悦。

据史书记载，这件事之后，周勃认识到自己的能力太差，便借口有病请求辞职。这周勃还算有自知之明，他的能力的确太差。太差的表现不在于不知道全国一年判决多少案件，也不在于不知道全国一年钱粮收入支出多少，而在于不知道自己的主要职责是什么。连自己该抓什么、干什么都不知道的人，还提什么做好本职工作呢？

新时代领导干部应该从周勃的辞职中吸取教训，从陈平的经验中获得教益，明其职能，晓其责任，认真做好自己分内的工作。既防止自己越权，又防止被他人侵权。

第三，科学授权。授权，就是在科学决策之后，领导干部授予直接被领导者一定的权力，以便被领导者能够相对独立、相对自主地开展有关的工作。

科学授权，是领导活动的必然要求，是领导干部的分身术，是一种重要的领导艺术。授权，能使领导干部“一身变数身”，“一脑变多脑”，使自己从日常琐碎的事务中摆脱出来，从而腾出时间来议大事、抓协调、管全局。

诸葛亮为什么“出师未捷身先死”？一个很重要的原因就是他凡事独揽，不善授权。刘备死后，诸葛亮总是担心别人不能尽忠职守，因此，立了一条“罚二十以上皆亲览”的制度，事无巨细，一概由自己处理。有人曾经劝他：“治家之道，在于各司其职，如果凡事家主必躬亲，将形疲神困，终无一成。”但诸葛亮没有接受这一劝告，他说：“吾非不知。但受先帝托孤之重，惟恐他人不似我尽心也！”

于是，他“寝不安席，食不甘味”“夙夜忧叹”。结果，54 岁就去世了，留下了“出师未捷身先死”的遗恨。

实践证明，真正具有能力、懂得用权艺术的领导，虽然大权在握，但却善于授权、分权，而不是死抱着权力不放手。譬如艾森豪威尔将军就是如此。

第二次世界大战结束后，有人问艾森豪威尔：“成功的领导公式是什么？”这位盟军的最高统帅给出了这样一个公式：“权力下授 + 赢得追随 + 实现目标”。

在艾森豪威尔看来，领导必须获得部下毫无保留的支持。但这种支持不是靠威逼斥责，而是靠信任部属，把权力下授给他们而得来的。因此，在工作中，他尽可能把某些职权下授，让自己集中精力去做最重要的事，在其他方面发挥作用。艾森豪威尔所说的“权力下授”，就是我们常说的“授权”。

古人说：事不躬亲是“古之善为君者”之法，它“劳于论人而佚于官事”，是“得其经也”；事必躬亲是“不能为君者”之法，它“伤形费神，愁心劳耳目”，是“不知要故也”。

上述古语是说，事不躬亲，是使用人才，任人而治；事必躬亲，是使用力气，伤力不治。

客观而论，领导干部的时间、精力和能力有限，决定了领导干部不能也不应该事必躬亲。

因此，领导干部在日常工作中要善于授权，而且要让被授权人明确自己所应担负的责任，做到权责一致。

权责一致的基本要求是：既不能让下级只承担义务和责任，而不提供权力保证；又不能只分配权力而不使其承担一定的义务和担负起一定的责任。正像有一句话所说：“有责无权责任负不了，责大权小责任负不好，责权对等才能干得好。”

领导干部要把下属该做的工作授权给下属去做，但授权不等于把工作都推给下属，自己当“甩手掌柜”，放任不管。

领导干部在授权时，要明确工作任务和准则，即考核方法、报告制度、监督办法等，对偏离目标的行为要做到有效控制。否则，放下去、大撒手，自己省了力，其结果就会出现放弃职权的现象，把事情搞得乱糟糟，责任还要自己担。

明朝时，皇帝朱由校把大权交给了宦官魏忠贤。每当魏忠贤向他禀报事务时，朱由校总是说："你看着办吧，怎么办都行！"结果导致魏忠贤在朝廷中遍设锦衣卫，肆无忌惮地杀戮重臣名将，造成了大批冤案。

二、修身智慧

——身心常健的根本路径

人这一生为何而来？日本著名企业家稻盛和夫在《活法》一书中有一个精彩的答案："我是为了做一个比降临人世之初更好的人而来。"

要"做一个比降临人世之初更好的人"，就需要秉持今天要比昨天好、明天还要比今天进步的态度去修身。

修身，是修养身心，在社会生活中其具体行为表现就是"择其善者而从之，其不善者而改之"。古语云："君子为政之道，以修身为本。"

"古之欲明明德于天下者，先治其国；欲治其国者，先齐其家；欲齐其家者，先修其身。"修身是一个人提升能力、获得智慧的根本途径，所谓"自天子以至于庶人，壹是皆以修身为本""合抱之木，生于毫末；九层之台，起于累土"。

正因如此，中国共产党要求领导干部要"严以修身"。领导干部的严以修身不是沽名钓誉式的"独善其身"，也不是推卸责任式的"超然物外"，而是坚定理想信念，提升道德境界，追求高尚情操，自觉远离低级趣味，自觉抵制歪风邪气，成为可堪大用、能担重任的栋梁之材。

1. 理想是不会熄灭的光

著名诗人流沙河在《理想》一诗中写道："理想是石，敲出星星之火；理想是火，点燃熄灭的灯；理想是灯，照亮夜行的路；理想是路，引你走到黎明……理想是罗盘，给船舶导引方向；理想是船舶，载着你出海远行……"诗人用形象的语言说明了理想的重要性。

理想，是对美好未来有根据、合理的设想，古人称之为"志"。我国自古以来就有重视理想的传统，认为"一息尚存，此志不容稍懈"，把理想与生命等同视之。

新四军老战士、"中国的保尔"吴运铎说："革命理想，不是可有可无的点缀品，而是一个人生命的动力，有了理想，就等于有了灵魂。"苏联著名教育家苏霍姆林斯基说："如果一个人的头上缺少一颗指路明星——理想，那他的生活将会是醉生梦死的。"

领导干部修身，首先要修理想之课。"理想信念就是共产党人精神上的'钙'，没有理想信念，理想信念不坚定，精神上就会'缺钙'，就会得'软骨病'。"①

矢志不渝地追求伟大理想。人应该都是有理想追求的，不同

① 《习近平谈治国理政》第1卷，外文出版社2018年版，第15页。

的人追求不同的理想。有的人立志升官发财，光宗耀祖，而党的领导干部必须把共产主义理想作为人生的奋斗目标。《中国共产党章程》明确规定“党的最高理想和最终目标是实现共产主义”，并且要矢志不渝地追求。

新文化运动的先驱者、中国革命文艺的奠基人沈雁冰（1896年7月4日—1981年3月27日）就是一位矢志不渝地追求伟大理想之人。

沈雁冰，笔名茅盾。他于1921年在上海加入中国共产党，是我们党最早的一批党员之一。他入党之后就担任了中共上海区（兼地方）执行委员会委员，他除了负责与国民党合作，发动社会各阶层进步力量参加革命等统战工作外，还承担着商务印书馆编译所的相关工作。这段时间的工作，用沈雁冰自己的话来说：过去白天搞文字，现在却连白天都要搞政治了。

1927年大革命失败后，他遭到蒋介石的通缉，并与党失去了组织上的联系。1928年，他东渡日本。归国后，他曾两次向党组织提出申请，要求恢复组织生活。但是因为工作的需要，他的申请没有得到组织的批准。

中华人民共和国成立后，为了不分享荣誉，他把要求恢复党籍这个意愿埋藏在心底，殚精竭虑地为党工作，并出任第一任文化部部长。

1981年3月14日，躺在医院病床上的沈雁冰意识到死神在向他逼近。他艰难地坐起来，给党中央写了一封信。

耀邦同志暨中共中央：

亲爱的同志们，我自知病将不起，在这最后的时刻，我的心向着你们。为了共产主义的理想，我追求和奋斗了一生，我请求中央在我死后，以党员的标准严格审查我一生的所作所为，功过是非。如蒙追认为光荣的中国共产党党员，这将是我一生的最大荣耀！

沈雁冰

一九八四年三月十四日

1981 年 3 月 31 日，中共中央批准了他的请求，党龄从 1921 年算起。

树立理想容易，但要树立至死不变的理想，却不是每一个人都能做到的。但沈雁冰做到了，他在临终时，将 25 万元稿费捐出，设立了茅盾文学奖，以鼓励当代优秀长篇小说的创作。

革命理想高于天。中国共产党在百年历史中，为什么能遭遇各种挫折而不断奋起？为什么能历尽苦难而淬火成钢？就在于中国共产党有着共产主义远大理想，而且始终坚定执着。

二万五千里长征的胜利，就是中国共产党人理想信念的胜利。红色经典史诗《长征组歌》以艺术的形式再现了长征途中艰难的历程。

1965 年，为纪念红军长征胜利 30 周年，曾参加过长征的中国人民解放军开国上将萧华回顾他在长征中的真实经历，历时半年，完成了 12 首形象鲜明、感情真挚的史诗——《长征组歌》。

“红军夜渡于都河，跨过五岭抢湘江。三十昼夜飞行军，突破四道封锁墙。不怕流血不怕苦，前仆后继杀虎狼。”“风雨侵衣骨更硬，野菜充饥志越坚。官兵一致同甘苦，革命理想高于天。”这些歌词真实地再现了长征路上中国共产党人是怎样在理想信念的激励下，下定决心，不怕牺牲，排除万难，奋勇前行的。

二万五千里长征路，血战湘江，四渡赤水，巧渡金沙江，强渡大渡河，飞夺泸定桥，鏖战独树镇，勇克包座，转战乌蒙山，击退上百万穷凶极恶的追兵阻敌，征服空气稀薄的冰山雪岭，穿越渺无人烟的沼泽草地，在红一方面军二万五千里的征途上，平均每 300 米就有一名红军战士牺牲。长征途中的凶险艰难，由此可见一斑。但就是在这样异常艰难的情况下，“红军不怕远征难，万水千山只等闲。五岭逶迤腾细浪，乌蒙磅礴走泥丸。”这是因为“革命理想高于天”。

美国著名作家斯特兹·特克尔在所著的《梦寐以求的希望之乡》中说：“我仍然相信，理想能够拯救世界。只有在人们不再怀抱理想的时候，灾难才会降临。”

综观那些落马的领导干部，其落马的主要根源就在于理想信念丧失。

伟大理想是一种特殊的阳光，是人生航船特殊的罗盘，是不会熄灭的光明。丧失伟大理想，人生将会一片昏暗，前途就会有如风前的蜡烛，随时会被吹灭。

伟大理想不是在温床中形成的，而是在斗争实践中砥砺磨炼而成的。“刀在石上磨，人在事上练。”越是困难大、矛盾多的地方，越是形势严峻、情况复杂的时候，越能练胆魄、磨意志、长才干，越能坚定理想信念。

革命老人徐特立就是在腥风血雨的斗争实践中不断砥砺，坚定理想信念的。徐特立（1877 年 2 月 1 日—1968 年 11 月 28 日）出生在湖南长沙县五美乡一个贫寒的农家。他比毛泽东年长 16 岁。

徐特立在年轻的时候就向往进步，景仰孙中山，曾经参加过辛亥革命。自 1895 年起，他在长沙等地从事教育工作。毛泽东在湖南第一师范学校读书时，徐特立是他的老师，毛泽东曾称徐特立是他“最敬佩的老师”。

1927 年 4 月 12 日，蒋介石在上海发动了反革命政变，5 月 21 日长沙又发生“马日事变”，逮捕和屠杀了大批共产党员和革命群众。当时真是“黑云压城城欲摧”。有的理想信念不坚定者叛变、退党，而 50 岁的徐特立面对血雨腥风的白色恐怖，毅然决然地冒着杀头的危险加入了中国共产党。

陆定一在《人民教育家——祝徐老七十大寿》一文中对徐特立给予了极高的评价：“人民教育家徐特立同志，就这样对全党同志上了第一课：困难时不要动摇，应当更坚决的奋斗，革命是一定胜利的。”徐老给我们的教科书，就是他的入党，“这本没有字的教科书，比什么教科书都好，也比什么教科书都重要。”[①]

① 陆定一：《人民教育家——祝徐老七十大寿》，《解放日报》1947 年 1 月 10 日。

坚定伟大理想，从来都不是一蹴而就的，也不是一劳永逸的，需要常修常炼。

2. 修身贵在修从政道德

古罗马的奥维德曾经说：“使一个人伟大，并不在于富裕和门第，而在于可贵的行为和高尚的品德。”东汉科学家张衡说：“君子不患位之不尊，而患德之不崇。”

领导干部修身，贵在修从政道德。从政道德既不同于一般的社会道德，也不同于职业道德，其在本质上是一种政治道德，即人们所说的“官德”。在整个社会道德体系中，从政道德居于最高层次，处于核心地位，代表着整个社会道德的先进水平和前进方向，对其他方面的道德建设有着直接而广泛的影响。

孔子云：“为政以德，譬如北辰，居其所而众星共之。”作为领导干部，有着良好的德行，就会成为他人的表率，大家就会像众星围绕着北极星那样紧密地团结在他的周围。

领导干部除了要遵守所有社会成员都应遵守的社会公德、职业道德、家庭美德和个人品德外，还应有更高的要求，就是要切实履行从政道德。

第一，从政道德建设的目标是共产主义道德。共产主义道德是人类道德发展的最高阶段。它继承了人类历史上一切优秀的道德传统，直接从无产阶级的利益要求中引申出来，最终满足全人类的利益要求。在中国特色社会主义新时代，共产主义道德既是一种现实的道德规范，又是人们孜孜以求的道德理想。它以崇高的道德理想，引导人们做一个高尚而有道德的人。

如果说共产主义道德对社会一般成员还是一个倡导问题的话，对领导干部来说，就是一个必须切实履行、自觉遵守的问题。这是由党的性质、党的宗旨、党的历史使命和党的奋斗目标所决定的。

社会主义是共产主义的初级阶段，共产主义是更高层次的发展阶段，是人类历史上空前伟大的事业。党的奋斗目标，就是要建设中国特色社会主义现代化强国，并最终实现共产主义。这也是中国共产党的历史使命。

共产主义道德反映的是“社会主义社会向共产主义社会高级阶段过渡这一历史的发展方向”，它体现的是我们社会中的党员干部、先进分子，为了党和国家、人民的利益，为了中国特色社会主义现代化建设事业，为了共产主义理想，站在时代的前列，大公无私、勇于奉献的崇高精神。

第二，从政道德的核心是全心全意为人民服务。所谓核心，是指一个事物或现象最主要的部分，它居于一个事物或现象的中心，体现着该事物或现象的本质，是该事物或现象的灵魂和统帅。一位领导干部工作勤勤恳恳、兢兢业业，在社会上举止文明、尊重他人，在家庭里尊老爱幼、夫妻相亲相爱，这就是讲道德，是应该做到的，是领导干部讲道德的组成部分。但是，它们并不是领导干部从政道德的核心。领导干部从政道德的核心，也就是说自始至终统率着领导干部从政道德的指导思想，是全心全意为人民服务。

第三，从政道德的重点是反腐倡廉。宋朝人包拯在《乞不用赃吏》上疏中云："廉者，民之表也；贪者，民之贼也。"意思是说，廉洁者，是民众的表率；贪腐者，是百姓的敌人。领导干部必须清正廉洁，才能成为民众的表率。

领导干部恪守清正廉洁的从政道德，就要对一切腐蚀诱惑保持高度警惕，慎独慎初慎微，做到一以贯之、防微杜渐。

慎独。所谓慎独，就是在无人监督的情况下，仍能坚持自己的道德信念，自我监督，自我约束，自觉地按照道德规范和法纪的要求去做。我国自古以来就有重视慎独的传统，认为它是一种重要的道德品质，是个人修养的重要途径和高尚的境界。

慎初。慎初，就是要守住第一道防线。明朝人张瀚在他所撰写的《松窗梦语》中，讲过这样一个故事。

张瀚刚刚担任右副都御史时，前去参见左都御史王廷相。王廷相给他讲了一则"乘轿见闻"：我昨天乘轿进城，途中遇雨。有位轿夫穿着一双新鞋。开始时，他"择地而蹈"，害怕泥水弄脏了新鞋。后来，他一不小心踏进了泥坑，于是，就"不复顾惜"了。

讲完这段见闻之后，王廷相感慨地说："居身之道，亦犹是耳，倘一失足，将无所不至矣！"

张瀚表示"退而佩服公言，终身不敢忘"。

很显然，王廷相是想用这个故事告诉张瀚，要“慎初”，否则，一失足就会滑向罪恶的深渊。

万事皆有初。守不住第一道防线，将会毁其终生。贪官落马无不与最初的不慎有着直接的关系。正如北宋理学家、教育家程颐所说：“一念之欲不能制，而祸流于滔天。”

领导干部如果想为自己的人生画一个圆满的句号，就必须“守住第一道防线”，不能迈出危险的第一步，一旦迈出了危险的第一步，就会“不复顾惜”，就不可能有善终。

慎微。慎微，是勿以恶小而为之。“勿以善小而不为，勿以恶小而为之。”这句话是三国时期蜀汉开国皇帝刘备临终时给他的长子，也是皇位的继承者刘禅的遗言。刘备用这句话告诉刘禅做人的道理：不要因为好事小而不做，不要因为坏事小而去做。

这两句话，可谓是至理名言。集腋成裘，聚沙成丘。小善积多了，也能成为利天下的大善；而小恶做多了，也能成为毁天下的大恶。领导干部修身，需要时常想一想这两句话。

事实上，优秀的领导干部所做的也并不都是惊天动地的大事，许多都是小事；而变质腐败的领导干部，也并非一开始就是腐败透顶。

因受贿罪被判处无期徒刑的河南省交通厅原党组书记、厅长石发亮，其罪行就是不断累积而成的。他曾经把所有企图腐蚀拉拢领导干部的行为概括为 12 个“一下”，即“逢年过节看望一下，住院治病慰问一下，家人生日祝贺一下，出国考察支持一下，家有丧事凭吊一下，乔迁新居意思一下，孩子结婚（升学）表示一下，已提拔者感谢一下，想提拔者争取一下，关系好的加深一下，关系一般的亲近一下，暂无求者铺垫一下”。

北齐思想家刘昼说：“尺蚓穿堤，能漂一邑；寸烟继突，改灰千室。”小小的蚯蚓，能穿透河堤，而决堤的河水能淹没一邑；从烟囱里发散出来的丝丝烟尘，久而久之，就能把成百上千间洁净的房屋污染。

古人云：“道自微而生，祸自微而成。”这句话的意思是说，凡事积微成著，细节决定成败。成就大业，必须从做好细微的小事入手；祸患的发生，常常是由一些细小的失误积累而造成的。

《淮南子·缪称》云：“积羽沉舟，群轻折轴，故君子禁于微。”羽毛很轻，但堆积起来，可以把船压沉；一群体重很轻的人，会把车轴压断，所以，有修养的人严于律己是从细微的小事防范做起的。

清朝康熙年间，素有“天下第一清官”之称的张伯行，因政绩卓著，被提拔为督抚。一时间门庭若市，拜谒者纷至沓来，携礼相访。张一一谢绝，分毫不纳，并手书一禁止馈送檄，张贴于堂上。其文如下：“一丝一粒，我之名节；一厘一毫，民之脂膏。宽一分，民受赐不止一分；取一文，我为人不值一文。谁云交际之常，廉耻实伤；倘非不义之财，此物何来？”[①]

① 参见人民日报评论部：《习近平讲故事》，人民出版社 2017 年版，第 12 页。

此文现今读来，也令人心生敬意。

3. 用哲学启迪人生智慧

做智慧领导需要修身，而修身离不开哲学素养的滋润。李瑞环认为："哲学是明白学、智慧学，学懂了哲学，脑子就灵，眼睛就亮，办法就多；不管什么时候、干什么工作都会给你方向、给你思路、给你办法。"[①]

这实际上是他自身实践经验的总结。李瑞环曾经担任过中共天津市委书记、市长，是第八届、第九届全国政协主席。

而他，并非出身名门望族。他曾经回忆说："我出生在农村，小时候在老家拉过犁，种过地，赶过车，织过布，许多农活都干过。我大概 14 岁开始织布。我记得那时我的个儿小，织布的坐机板高，脚够不着，家里还专门为我做了一个凳子。17 岁时，我到北京做小工。一次偶然的机会，我去给木工班扫刨花，当时有个木工工长，名叫王锡田，他说我很灵巧，让我学木匠。我就这样从一个普通的木匠开始，一步步成长为党和国家的领导干部。"

他也不是名校毕业，他受的最高的教育是在北京建工业余学院工业与民用建筑专业学习过。1951 年至 1965 年，他在北京第三建筑公司当工人，其间即 1958 年至 1963 年在北京建工业余学

① 李瑞环：《学哲学 用哲学》上册，中国人民大学出版社 2005 年版，第 16 页。

院学习了工业与民用建筑。

那么，李瑞环是怎样由一个普通的木工成长为党和国家高级领导干部的呢？李瑞环自己回答了这个问题，他说："有人说，由一个普通农民、工人，一步步走到党和国家最高领导层真不简单，这其中一定会有一些奥秘、诀窍，应该总结一下。要我说还是那句老话：是社会主义制度的产物，当然也不能否认个人的努力。光靠努力还不行，还要得法，得法就是要学习哲学。我这一生对我帮助最大的就是马克思主义哲学。"①

学了哲学之后，李瑞环密切联系工作实际，进行深入思考，来指导工作实践。在 1951 年至 1965 年李瑞环当工人期间，他搞过 100 多项技术革新，被誉为"革新能手"。

领导干部用哲学启迪人生智慧，就要学哲学，尤其要学习马克思主义哲学。马克思主义哲学是领导干部的看家本领。

为什么说马克思主义哲学是领导干部的看家本领？因为马克思主义哲学是重要的、科学的思想方法。思想方法决定工作方法。在马克思主义三个重要组成部分中，马克思主义哲学是基础，是智慧之学。

毛泽东在延安时期，曾经把马克思主义哲学比喻为"望远镜"和"显微镜"。他说："我们的眼力不够，应该借助于望远镜和显微镜。马克思主义的方法就是政治上军事上的望远镜和显微镜。"②

---

① 李瑞环:《学哲学 用哲学》上册，中国人民大学出版社 2005 年版，第 15 —16 页。
② 《毛泽东选集》第 1 卷，人民出版社 1991 年版，第 212 页。

汉代刘安在《淮南子·说林训》中云:“泰山之高,背而弗见;秋毫之末,视之可察。”泰山虽然雄伟高峻,但背朝着它就什么也看不见;秋天鸟兽新长的细毛虽然微小,但仔细观察也能看得清楚。

领导干部掌握了马克思主义哲学这个“望远镜”和“显微镜”,就能见微知著,透过现象看到本质。

领导干部怎样学习马克思主义哲学?领导干部学习马克思主义哲学要记牢“真学、真信、真用”这六个字。

第一,真学。真学,就是要真心地学习。领导干部要系统地掌握马克思主义哲学,必须在读原著、学原文、悟原理上下功夫。李瑞环回忆说:“许多马克思主义哲学著作我都反复认真读过,有的文章甚至可以背下来。尤金那本哲学辞典,我叨咕得非常熟,还和人搞过比赛,看谁查得快、讲得准、背得多。”两万五千多字的《矛盾论》和四万四千多字的《中国革命战争的战略问题》,他都能熟背如流。

第二,真信。真信,是在真学基础上形成的思想收获。真学了,而且懂得了其中的精髓,把握了其中的科学原理,并形成了坚定的马克思主义信仰,而这种坚定的马克思主义信仰又能成为自身为破解工作中的难题、实现远大理想而奋斗的精神动力。李瑞环不仅真学,也是真信。他说:“哲学这门学问说来也神,你的工作越变化、越新,它显得越有用;你的地位越高、场面越大,它的作用越大;你碰到的问题越困难、越复杂,它的效力越神奇;

面对的问题越关键，它发挥的作用越关键。”[1]

第三，真用。学习重在理论联系实际，解决实际问题，尤其是复杂棘手的工作难题。“读书是学习，使用也是学习，而且是更重要的学习。……说学习和使用不容易，是说学得彻底，用得纯熟不容易。”[2]

李瑞环学哲学，不仅真学、真信，还真用。他在天津主政期间，常与人大代表、政协委员、各界群众开对话会，且每次都是电视现场直播，大家一问一答，现场非常活跃，群众也欢迎，几乎是家家必看。在一次对话会上，一位老太太说她家煤气灶常点不着火，有关部门领导现场解答时讲了许多数字、原因、道理，李瑞环却打断道：“你讲那么多没有用。老太太要求的是煤气点火就着。”这件事，被天津人总结为李瑞环的“老太太哲学”。[3]

“老太太哲学”，其实就是“老百姓哲学”，是把马克思主义哲学百姓化。

“老百姓哲学”，是不空谈道理、务实敢干解决问题的“哲学”，而不是“空对空”的哲学，不是光说大道理、不干实事的哲学，不是只对上负责、不对下负责的哲学，更不是对上对下都不负责的哲学。

正是秉持着这种“老太太哲学”，李瑞环在天津办了许多实

① 李瑞环：《学哲学 用哲学》上册，中国人民大学出版社 2005 年版，第 16 页。
② 《毛泽东选集》第 1 卷，人民出版社 1991 年版，第 181 页。
③ 参见廖楠：《李瑞环：从“青年鲁班”到爱读书的老人》，《人民日报（海外版）》2013 年 5 月 10 日。

事，他到任天津的一年多时间，便完成了“引滦入津”工程，让天津人喝上了清澈的滦河水；为了改善天津居民的居住条件，他下令拆除了唐山大地震遗留的大量防震棚，新建了居民楼。

领导干部学习马克思主义哲学，从哪里切入？怎样学？这两个问题看似简单，其实并不简单。要回答解决这两个问题，领导干部首先要明白自身学习马克思主义哲学的目的。

实事求是说，绝大多数领导干部学习马克思主义哲学，并非要当哲学家，而是要提高哲学素养，做好自身从事的某个方面的工作。因此，领导干部学习马克思主义哲学，不妨从马克思主义哲学的基本观点和基本方法入手，如辩证的观点、发展的观点、实践的观点、群众的观点，如具体问题具体分析的方法，一切从实际出发的方法，等等。

领导干部把这些马克思主义哲学的基本观点和基本方法搞清楚之后，再把它们与自身的实际工作相结合，会大大提高自身的马克思主义哲学素养，并能指导自身的工作实践。

领导干部学习马克思主义哲学，能原原本本地学习和研读马克思主义哲学的经典著作最好，如《反杜林论》《路德维希·费尔巴哈和德国古典哲学的终结》《唯物主义和经验批判主义》等。但如果时间、精力有限的话，有一条便捷有效的学习路径，这就是学习毛泽东所撰写的《实践论》和《矛盾论》。“两论”是马克思主义哲学中国化的光辉典范。

李瑞环认为：“可以这样说，真正学懂了‘两论’，也就基本上掌握了马克思主义哲学的主要观点。”[①]

学哲学，不是为了学而学，而是为了应用而学习，要坚持内化于心，外化于行，在知行合一上下大功夫。

4. 善读能打开智慧之门

书是储藏知识的宝库，善读能打开智慧之门。英国著名哲学家培根说：“读史使人明智，读诗使人聪慧，演算使人精密，哲理使人深刻，伦理学使人有修养，逻辑修辞使人善辩。”我国西汉著名学者刘向有言：“书犹药也，善读之可以医愚。”

在刘向看来，一个人要通过读书来医治愚蠢，必须“善读之”。

刘向为什么强调“善读之”？因为善读书，才能获得真知灼见；善读书，才能长智慧、增才干。不善读书，则会食古不化、人云亦云，终究不能获益。

同样一本书，善读者与不善读者有着不同的读书结果。一部《红楼梦》，道学家见到了淫，才子佳人见到了爱，革命者见到了反清复明的奇书，毛泽东见到了一部二千年中国封建史的大百科全书。《聊斋》一书，“善读之令人胆壮，不善读之令人入魔”。

① 李瑞环：《学哲学 用哲学》上册，中国人民大学出版社 2005 年版，第 10—11 页。

那么，如何才是善读书？

第一，博闻多识，灵活运用。领导干部跟一般人不一样，这种不一样不是说领导干部比一般人高出一头，而是说领导活动、领导工作涉及方方面面，不同于一般人。

领导活动涉及政治、经济、军事、外交、文化、教育、卫生等各个领域。哪个领域的问题处理不当，都会给领导工作带来影响。领导工作关涉上级、同僚、下属、群众、媒体等各个方面。哪个方面的关系协调不好，都会给领导工作带来制约。

这就需要领导干部博闻多识，既要明政治，又要懂经济；既要知天文，又要懂地理。

领导干部虽然要博闻多识，但仅博闻多识还当不好领导。如果博闻多识就能当领导干部，那么最有资格当领导干部的，应该是大学教授和博士。而事实上，不少大学教授和博士做不好领导工作。

因此，领导干部还要善于灵活运用。掌握了广博的知识，那只能算是“肚子里的学问”。领导干部要把这“肚子里的学问”灵活运用到实际的领导工作中，那才是真正的有学问。否则，他背熟了兵书，却不能指挥打仗；他记住了决策的方法，却不能正确决策，那是不能算有学问的，顶多就是一个赵括。正如宋代著名文学家陆游所言：“纸上得来终觉浅，绝知此事要躬行。”

第二，精于思考，化为见识。有知识不一定有见识。“知识”和“见识”虽然只是一字之差，内涵却相去甚远。见识源于知识，但又高于知识。

知识易得。一个人可以通过阅读、别人讲授等途径获得知识。但拥有了知识，未必有见识。见识包括知识，但知识不等于见识。见识是有实践、有思考，是理论与实践相结合的产物。一个人可能学富五车，但他不一定是有见识之人，因为他只关注现成的答案、现成的公式、现成的历史事件的归纳分析，完全重复别人的思想，鹦鹉学舌，而不去思考、探究。

平庸者和智慧者的区别，并不在于文凭高低，也不在于读了多少书，而在于谁有见识。没有见识的读书，只是“两脚书橱”。见识属于智慧，见识难得。知识只有转化为见识，才能显示出它的真正价值。

有知识可以安身立命，有见识才能治国理政。知识是获取到的信息，见识是看得比别人深刻、比别人通透；知识是他人的经验，见识是自己的体验。由掌握知识到具有见识，方为智慧。

要把知识化为见识，就要多思考、重实践。通过思考实践，把从他人书本上读来的东西、从课堂上听到的东西，消化、转化为自己的思想、自己的观点。

宋代著名思想家朱熹曾经说过这样一段话：“大抵观书须先熟读，使其言皆若出于吾之口；继以精思，使其意皆若出于吾之心，然后可以有得尔。”（《朱子大全·读书之要》）

朱熹这段话的意思是说，要把书本上的知识转化为自己的思想，必须在熟读精思上下功夫。囫囵吞枣式的读书，读了等于没读。只有熟读，才能理解得深透，记得扎实；只有精思，才能融会贯通。

第三，学习理论，大有裨益。理论是前人在学习和实践基础上形成的智慧精华，理论素养和理论水平是领导干部素质能力的重要组成部分。领导干部要胜任领导工作，成为智慧领导，理论素养不可或缺。理论是实践的指南，如果领导干部忽视理论学习，就不能有效地用理论来指导实践。

毛泽东非常重视理论学习。1957 年 8 月 4 日，毛泽东致信秘书林克："你可看点理论书。你需要学理论。兴趣有，似不甚浓厚，应当培养。慢慢读一点，引起兴趣，如倒啖蔗，渐入佳境，就好了。"①

1957 年 10 月 2 日，毛泽东又致信林克，再次谈到学理论、培养兴趣的问题："钻到看书看报看刊物中去，广收博览，于你我都有益。略为偏重一点理论文章，逐步培养这一方面的兴趣，是我的希望。"②

第四，读点文学精品。领导干部不仅要学理论，读点文学精品也非常必要。读点文学精品，终身都会受益。古人说："腹有诗书气自华。"

实践证明，领导干部"诗书满腹"不仅会令他气度不凡，更重要的是还有助于他开阔眼界、丰富思想、陶冶情操、优化人格、

① 《毛泽东书信选集》，人民出版社 1983 年版，第 530 页。
② 《毛泽东书信选集》，人民出版社 1983 年版，第 531 页。

提升素质、增强能力、获得智慧。

古往今来，凡是有大作为、建功立业者，几乎都是有着丰厚文学修养之人。比如毛泽东的文学修养造诣，他人是难以望其项背的。

读点好的文学作品，能增加见识，增长才干，起到“辅政”的作用。文学其实是百科全书，囊括政治、经济、军事、历史、天文、地理等各学科的知识。一部好的文学作品，就是一位良师益友；阅读一本好书，就是与一颗伟大的心灵对话。

透过作品，可以深刻认识复杂多变的现实世界。恩格斯称赞巴尔扎克是“现实主义大师”，说他的《人间喜剧》写出了贵族阶级的没落衰败和资产阶级的上升发展，提供了社会各个领域无比丰富的生动细节和形象化的历史材料。认为他从中学到的东西“比从当时所有职业历史学家、经济学家和统计学家们那里学到的全部东西还要多”①。

透过作品，可以学会用辩证的思维、灵活的方法处理和解决面临的各种复杂矛盾和问题，从而提升领导能力。

读点好的文学作品，能陶冶情操，优化人格，起到“修德”的作用。好的文学作品，体现着“真、善、美”的境界。譬如，凡是读过范仲淹《岳阳楼记》的人，无不被这位“先天下之忧而忧，后天下之乐而乐”的卓越政治家的崇高抱负和宽广胸怀所

① 《马克思恩格斯书信选集》，人民出版社 1962 年版，第 447 页。

折服。

可以说，阅读好的文学作品，会受到“真、善、美”的熏陶。这种熏陶对领导干部会产生潜移默化的良好影响。

在“真、善、美”的影响下，领导干部会多一些实事求是，少一些弄虚作假；多一些爱民之心，少一些利己之意；多一些高雅情趣，少一些低级趣味。

读点好的文学作品，能洗礼灵魂，强化正气，起到“抑邪”的作用。美国哲学家理查德·罗蒂认为，如果没有但丁、彼德拉克、薄伽丘、乔叟、莎士比亚、培根和弥尔顿，我们今日世界的道德状况将无法想象。

在理查德·罗蒂看来，文学具有救赎真理、洗礼灵魂之功能。罗蒂是很有见地的。文学不仅可以愉悦人的内心，还因它能弘扬正气，针砭时弊，鞭挞丑恶，从而起到抑制邪恶、强化正气的作用。

一句“人生自古谁无死，留取丹心照汗青”，不知激励过多少仁人志士为追求真理，为民族和人民的利益而视死如归，前仆后继。

一句“苟利国家生死以，岂因祸福避趋之”，不知激励过多少仁人志士慷慨赴国难，戴镣长街行。

三、养心智慧

——培育健全心灵的良药

这里所说的“养心”，并非医学上所指的保护好你的心脏，而是指调控好你的心态，培养健全的心灵，这包括思想、感情、情绪、意念等。“治天下者先治己，治己者先治心。”

我国自古以来就有重视“养心”的传统。孟子认为，养心的最好方法，就是减少欲望，恬淡生活，所谓“养心莫善于寡欲”。孟子还进一步说：“其为人也寡欲，虽有不存焉者，寡矣；其为人也多欲，虽有存焉者，寡矣。”孟子认为，一个人清心寡欲，即使有短命的，这样的人也比较少；一个人欲望强烈，纵然不排除有长寿的，但可能性极低。

看来，孟子把是否清心寡欲上升到了寿命长短的高度来认识。孟子不愧为“亚圣”，很有见地。现代科学研究证明，人的心态影响人的健康，心理平衡是健康长寿的基石。

领导干部要延年益寿，争取为党和人民多工作一些时日，需要通过减少不良的欲望，清除贪心和私欲，涵养心灵，保持净心；领导干部要避免焦虑，心情愉悦地工作和生活，需要通过调节不良情绪，保持乐观的心态。生活给你一颗柠檬，就把它挤成柠檬水；生活给你一地鸡毛，就把它扎成鸡毛掸；生活给你一片阴云，就把它当成遮阳伞。

养心贵在静心，静心的至高境界是乐心。静心、乐心，是健全心灵的体现。

培养健全的心灵需要时间和耐性，不可能一蹴而就。因此，领导干部在养心的问题上需要专心致志，持之以恒，不能“一曝十寒”。

1. 先要解决心情，再来解决事情

在社会中生活，谁没遇到过烦心事？在工作中，谁没碰到过糟心的问题？遇到烦心事、碰到糟心的问题，如果你焦躁不安、情绪失控，你就输了；智慧领导遇到烦心事、碰到糟心的问题，总是先缓和心情，再解决事情。

心情平和了，有利于烦心事、糟心问题的解决。要知道，焦躁不安、情绪失控下所作出的决策，会让你肠子悔青，还没有地方买后悔药。

第一，有情绪是本能，能压下去才是本事。遇到烦心事、碰到糟心的问题，有情绪，这是本能，但能压下情绪才是本事。怎么压下去？“不争论，不解释”是一个有效的方法。

不争论。戴尔·卡耐基曾经说过：“获得争论最佳结果的唯一方法，是避免争论。你要像躲避响尾蛇和地震一样避开不必要的争论。”

卡耐基曾经是个积习很深的争辩者，凡事都要跟人论个长短曲直。他在家跟兄弟争辩，在学校跟老师、同学论辩，像个好胜的斗牛士。结果，弄得老师不大喜欢他，同学们也对他避而远之。然而，当他听过并参加过成千上万次的争论之后，他感慨地说：“十次争论中，有九次会使争辩双方更坚信自己一方是完全正确的。”“你无法赢得一场争辩。如果你输了，那便是输了；而如果你赢了，实际上你也输了。”

这是为什么呢？比方说，你击败了某人，把他驳得体无完肤，甚至证明他精神不正常。然后呢？你心情舒畅，但是他怎么样？你伤了他的自尊心，他感到低人一等，他将怨恨你。假如你遇到的是一个违心服理的人，即使他让你得胜，他依旧坚持他的观点。

虽然我们常说，真理越辩越明，道理越讲越清，但一个有智慧的人，是没有必要在无须争论便可以明白的常识问题上与人争论的。

写到这里，我想起曾经看到过的一个故事：两个人争论不休，甲说三七二十一，乙说三七二十四。两人到县衙门请县官评理。县官让人把甲打了一顿。甲不服，抗议道：“明明是他错了，你还打我！”

县官说：“他都糊涂到这个份儿上，你还跟他争，不打你打谁？”

欲为大树，不与草争；欲为苍鹰，不与鸟鸣。有位作家，一次跨界去当主持人，节目播出后，网上对他骂声一片。

有人私下问他：“你怎么不反驳几句？”作家回答说：“这些负面评价关我屁事，那是他们的事！”这真是话糙理不糙。

不解释。永远不要试图解释你自己，因为人永远无法感同身受。遇到烦心事，碰到糟心问题，无须解释太多。解释太多，你会发现，吃力不讨好累的是自己。如果是对的，何必解释，时间会证明一切；如果是错的，无须解释，时间会修正一切。

公孙弘是汉武帝手下的大臣。他平素节俭，即便当了宰相，依然是粗茶淡饭、布衣麻鞋。

他的同僚汲黯就此上奏汉武帝说：“公孙弘身居要职，但他却盖粗布被子，这是沽名钓誉、欺世盗名。”

汉武帝收到奏章，就问公孙弘是否如此。公孙弘回答说：“汲黯说得没错。满朝文武大臣中，我与汲黯的交情最好，他最了解我，他说中了我的要害。我位列三公却只盖粗布被子，生活水准和普通百姓一样，的确是故意装得清廉以沽名钓誉。如果不是汲黯忠心耿耿，陛下又怎么能听到对我的这种批评呢？”

汉武帝听了之后，认为公孙弘谦让有礼，更加厚待、重视他。

面对汲黯的告状和皇上的询问，公孙弘没有去解释，而是坦诚地同意了汲黯的看法，这是一种处理问题的智慧。

在工作中被人误解，你越解释，别人越觉得你在推卸责任；在生活中你被误会，你越解释，别人越觉得你没有诚意。

当然，也并非什么事情都不解释，如果这件事很重要，领导或同事对你有误会，这时可以平心静气地做一些解释，以利于澄清事实，消除误会。如果是公安局、法院、纪检委的相关办事人员误解你了，你更必须解释，不解释就会出事，甚至出大事。

一般的事情不解释也罢。“彪悍的人生不需要解释！”“不是所有事都需要解释，不是所有人都配得上你的解释！”这两句话说得很霸气。

第二，成为坏情绪的终结者。心理学上有个著名的“踢猫效应”：有个男人在公司受到老板的批评，他很愤怒，但又不敢跟老板发火。回到家，他找了一点鸡毛蒜皮的事情，把老婆骂了一顿。老婆受了委屈，正好看到儿子在床上蹦跶，上去就给了儿子一耳光。儿子莫名其妙地挨了一耳光，心情极度糟糕，一脚踢了正在身边打滚儿的猫。猫逃到大街上，正好一辆小轿车开过来，司机赶紧避让，却把路边的一个小孩给撞伤了。

这个故事描绘的就是一种典型的坏情绪传染所导致的恶性循环。

“踢猫效应”是典型的坏情绪传染链，这种传染链不是由弱向强、自下而上的社会关系链条；相反，是地位高的传向地位低的，由强者传向弱者，而最终的受害者是最弱小的那个元素。

现实社会中的“踢猫效应”未必就像故事中描述的那么夸张，但也不可否认，坏情绪传染的现象十分普遍。处长在局长办公室受到局长批评，回到处里，就找来科长训斥一番；科长莫名其妙地挨了一番训斥，回到科里，就找了一个看着不顺眼的员工骂了两句；员工下班回到家里，想一想就窝火，就把孩子当了出气筒，把坏情绪转移到了孩子的身上。

心理学家认为，坏情绪会像病毒一样从这个人身上传播到那个人的身上，一传十,十传百，其传播的速度有时比有形的病毒和细菌的传染速度还要快，而这种传播危害性极大。

领导干部要消除坏情绪的“病毒”，需要及时斩断它的传播链。在哪里斩断？就在自己这里斩断，“坏情绪到此为止”。

“坏情绪到此为止”，是一种担当，是一种境界，是内心强大的一种表现。

被授予“最美奋斗者”荣誉称号的吴天祥，就是一个“坏情绪到此为止”的担当者。

吴天祥曾经担任武汉市武昌区信访办副主任，在此期间，他被上访者的许多坏情绪攻击过，但遇到这种坏情绪，他从来都是“坏情绪到此为止”。

1995 年 7 月的一天，“老上访”胡焕召又一次走进信访办。他进门时，正赶上一个上访者又是拍桌子，又是摔茶杯，口里还不停地骂：“你今天不解决，老子就……”胡焕召看不下去，几次想冲过去，吴天祥都示意他坐下。

上访者折腾够了，终于走了。胡焕召腾地站起来，对吴天祥说：“老吴，你真熊！再不成你也是区政府的一个主任，为什么白白让人骂？”吴天祥笑笑：“群众有困难，我们一时又解决不了，骂我可以理解。”

信访办里，摔茶杯的上访者不止一个，拍桌子、瞪眼睛的大有人在，甚至还有人揪着吴天祥的领子，让他立马解决问题。遇到这种情况，吴天祥先解决好自己的心情，做坏情绪的终结者，再处理事情。

他总是以温和的态度，听着、问着、记着，或当场协调督办，或耐心劝慰解释。他的热心、耐心、责任心，感动了一批又一批的上访群众，他们中的许多人都成了吴天祥的朋友。

2. 只要忍耐得住，曙光就在眼前

人生在世，不管是工作，还是生活，不可能总是“直挂云帆济沧海”，一帆风顺，有挫折失败在所难免。南宋词人辛弃疾在《贺新郎·用前韵再赋》中说“叹人生、不如意事，十常八九”。

第一，挫折是黎明前的黑暗。人生遭遇挫折，不要灰心丧气，只要能忍耐过去，曙光就在眼前。

唐天宝元年（742 年），李白经贺知章举荐，被唐玄宗召入翰林院。能进翰林院工作，李白很开心，“仰天大笑出门去”了。但李白在翰林院工作了不到两年，就厌倦了御用文人的生活。

唐天宝二年（743 年）的秋天，李白写了许多表现怨尤失望的诗篇，如《玉阶怨》《怨歌行》等，这些作品触怒了唐玄宗。唐天宝三年（744 年），他被唐玄宗炒了鱿鱼，史称“赐金放还”。

“仰天大笑”去了翰林院，但两年多的时间，就被唐玄宗拿了点小钱给打发了。李白的挫折可想而知。

李白在离开长安的时候，挥笔写下了《行路难（其一）》：

金樽清酒斗十千，玉盘珍羞直万钱。
停杯投箸不能食，拔剑四顾心茫然。
欲渡黄河冰塞川，将登太行雪满山。
闲来垂钓碧溪上，忽复乘舟梦日边。
行路难，行路难，多歧路，今安在？
长风破浪会有时，直挂云帆济沧海。

想渡黄河，冰雪堵塞了这条大川；要登太行，莽莽的风雪早已封山。李白的挫折显而易见。但他面对挫折，没有善罢甘休，他要像姜尚在溪旁垂钓，等待东山再起；要像伊尹那样，被商汤聘请。虽然他知道这仕途之路非常艰难，但他相信自己总有一天会“直挂云帆济沧海”。这是何等的乐观豪迈！

领导干部应该知道，所谓的千里马，不一定是跑得最快的那一匹，一定是耐力最好的那一匹。

第二，战胜挫折就将迎来艳阳天。有一首歌叫《阳光总在风雨后》，其中有这样几句歌词：“难免曾经跌倒和等候，要勇敢地抬头”“阳光总在风雨后，乌云上有晴空”“阳光总在风雨后，请相信有彩虹”。

谁没有跌倒过？谁没有经历过风雨？跌倒时别趴下，要勇敢地抬头向前看，要勇敢地站起来向前冲。遭遇风雨时，要学会忍耐，风雨总会过去，风雨过后就是艳阳天。

忍耐不是“鸵鸟心态”。鸵鸟遇到危险时，会把头埋入沙子里，以为自己看不见就是安全的。心理学家将这种消极的心态称为“鸵鸟心态”。忍耐不是一味地忍受，被动地等待。忍耐是在遭遇挫折时，敢于直面挫折，然后奋起，用坚强的意志力去战胜挫折。

谈迁，是我国明代著名的史学家。明天启元年（1621 年），他开始撰写《国榷》，经历了二十几年的时间，六易其稿，终于写成了 500 万字的《国榷》。不幸的是，清顺治四年（1647 年），一天夜里，这部重要的史学著作被小偷偷走了。谈迁虽然很伤心，但他没有一蹶不振。他挽起袖子，重新撰写。寒来暑往，又过了很多个春秋，谈迁又将这部巨著写成了。

与其说是谈迁撰写了《国榷》，不如说是他坚强的意志造就了《国榷》。要完成一项伟大的事业，没有坚强意志是不可能实现的。

“凿不休则沟深，斧不止则薪多。”这是王充在《论衡》中的名言。意思是说，只要不停地开凿，沟渠就会很深；只要不停地砍斫，就会得到很多的柴薪。此句用来比喻只要持之以恒地奋斗，就会取得好的成绩。

一个人在实现目标的过程中，最忌遇挫折则退缩，最需坚韧不拔、持之以恒。成功不仅需要战斗力，也需要忍耐力。

忍耐力是滴水穿石的坚韧，是蜜蜂酿蜜的累积。有些事情，不是看到希望了才去坚持不懈地奋斗，而是坚持不懈地奋斗才会看到希望。

第三，追求目标不放弃。1948 年的一天，牛津大学邀请丘吉尔去作演讲。丘吉尔演讲的题目是《我的成功秘诀》。

1940 年至 1945 年和 1951 年至 1955 年丘吉尔两度出任英国首相，被认为是 20 世纪最重要的政治领袖之一。他的成功秘诀是什么？听众期待着他的答案。

丘吉尔一露面，会场上就掌声雷动。丘吉尔用手势止住如雷的掌声后，说："我成功的秘诀有三个：第一是，决不放弃；第二是，决不、决不放弃；第三是，决不、决不、决不放弃！我的演讲完了。"

原来，丘吉尔的成功秘诀，就是"决不放弃"。

事实上，成功的秘诀就在于对目标坚定地不懈努力。

爱迪生发明电灯时，为了找到能延长灯泡寿命的材料，他以非凡的毅力，耐心试验了多年。在持续不断的努力下，他终于发明了钨丝灯泡。爱迪生对追求的目标决不放弃的意志力，令我们敬佩不已。事实上，爱迪生每失败一次，都向成功迈进了一步，如果他不继续坚持，就可能功亏一篑。

欧立希发明治疗昏睡病和梅毒病的"六〇六"（砷凡纳明），前后失败了 605 次。但他不灰心，不畏缩，继续试验，终于在第 606 次获得了成功。

第四，大器先须小折磨。每逢考试，落榜者大多垂头丧气，失魂落魄，古今皆然。但清朝乾隆年间著名的戏曲理论家李调元却不同于常人。

一次，他参加在成都举行的乡试，不幸落榜。落榜后的李调元并不气馁，他决定继续攻读。临离开成都时，他的一位落榜的同窗喝得酩酊大醉，闯进了他的房间，大喊“没脸见人了”。见此情形，李调元便写了一首诗来劝慰他，并与之共勉。诗中写道：“世上怜才休恨少，平生失学古来多。天公有意君知否？大器先须小折磨。”

落榜的同窗看了这首诗顿时醒悟，表示要继续发愤，从此戒酒。两个落榜之人相互勉励，继续努力，后来都考中了进士。

失意不可失志。只要志向不失，我们就能坦然面对挫折，就能在挫折中继续拼搏，就能在挫折中奋起。

3. 与其抱怨坎坷，不如拼力一搏

人生在世，谁都想在顺境中快快乐乐地生活、学习和工作，在顺境中愉悦地成就自己所期望的事业。然而，事物的发展变化却不以人的意志为转移。我们在生活、学习和工作中常常要面对各种各样的困难，面对各种各样的苦难和不幸。这就是逆境，一种不顺利的境遇。

面对逆境，有的人把它当作磨炼意志、砥砺思想的磨刀石，更加发愤图强，更加努力拼搏，终于使自己在逆境中脱颖而出，成为社会的栋梁。

面对逆境，有的人把它看作自己成功的绊脚石，当成不可逾越的鸿沟，因此萎靡不振，结果使自己陷入失败的泥潭不能自拔。

逆境是一把双刃剑。关键在于我们怎样运用它，怎样面对它。如果我们能够勇敢地面对，勇敢地接受挑战，我们就能成为逆境中的胜利者。

第一，勇敢地挑战逆境。在对逆境的征服中才能显现一个人高尚的境界。正如英国著名作家莎士比亚在《科利奥兰纳斯》中所言："患难可以试验一个人的品格；非常的境遇方可以显出非常的气节；风平浪静的海面，所有的船只都可以并驱竞胜；命运的铁拳击中要害的时候，只有大勇大智的人才能够处之泰然。"

德国著名作曲家贝多芬具有惊人的音乐才华，但命运偏偏捉弄他，他二十几岁时便逐渐失去听觉。这对一位从事音乐创作的人来说，是多么沉重的打击。但是，贝多芬没有被灾难吓倒，他表示："我要扼住命运的咽喉。"他共创作出了 9 部交响曲、32 部钢琴奏鸣曲、5 部钢琴协奏曲、16 部弦乐四重奏。

贝多芬用他的生命演奏了一首命运交响曲。对于一位潜心音乐创作的人来说，失聪是事业的灭顶之灾。然而，贝多芬没有向命运低头，他用非凡的意志，向命运挑战，终于扼住了命运的咽喉，取得了辉煌的业绩。

贝多芬的故事告诉我们：灾难或逆境只能吓倒那些意志薄弱

的人，而对于意志坚强的人来说，灾难或逆境只不过是他们前进途中的一道小的门槛，迈过就是了。

第二，在逆境中百折不挠。俄国著名文学家车尔尼雪夫斯基说过：“历史的道路不是涅瓦大街上的人行道，它完全是在田野中前进的，有时穿过尘埃，有时穿过泥泞，有时横渡沼泽，有时行经丛林。”

不管是“穿过尘埃”“穿过泥泞”，还是“横渡沼泽”“行经丛林”，都需要百折不挠。失败了就在路边躺平的人，是不会取得胜利的。

纵观历史和现实，不难发现，卓越的人有一大优点，这就是：在逆境中百折不挠。

傅小石是我国著名国画大师傅抱石的长子。1958 年，正在中央美术学院上学的傅小石被划成右派，从此，厄运便伴随着他多年。他先是摔折了左腿，接着中风造成右半身瘫痪，后来，又摔断了右腿。他的四肢，仅有左手正常。

尽管一生多灾多难，但他从不向命运低头，他怀揣希望，每天仍作画不止，在艺术创作上取得了非凡的成就。他的画还被中国美术馆收藏。2002 年 5 月 18 日，“傅小石七十寿辰画展”在广州艺术博物院举行，受到观众的赞赏。

面对厄运，傅小石不屈服，不低头，以顽强的意志、自强不息的精神向命运抗争，终于战胜了命运，成就了非凡的事业。

第三，心中怀有“希望”这个青苹果。一位旅行者，在沙漠中迷了路。更为可怕的是，他随身携带的装干粮和水的背包也丢掉了。他翻遍所有的行囊，只找到一个青苹果。看到青苹果，旅行者惊喜万分。他把这个青苹果紧紧地攥在手里，艰难地在大漠中寻找着出路。

一昼夜过去了，旅行者仍没有走出大漠。饥饿、干渴、疲惫时时向他袭来。他好多次都要支撑不住了，但只要看一眼那个青苹果，就又有了前进的力量。旅行者继续跋涉着，心中默念着“我还有一个苹果，我还有一个苹果……”

三天之后，他终于走出了大漠。而那个他始终没有吃一口的青苹果，已经干枯得不成形了。

在人生旅途中，难免遭遇逆境。但只要我们心中有希望这个“青苹果”，就能在逆境中勇往直前，实现我们所追求的目标。

领导干部在逆境中，一定不能放弃希望这个“青苹果”。有希望，便是光明。希望是逆境中的灯塔。

与其抱怨身处幽暗的隧道，不如提灯勇敢前行；与其抱怨坎坷，不如拼力一搏；与其怨天尤人，灰心丧气，不如化怨气、丧气为志气，一步一步地改变自己。

人生命运不可能都一帆风顺，有时候你会突然遇到一个陡坡。只要咬牙坚持爬过陡坡，就抵达了山顶，自会看到山下风光无限。正所谓“跨不过去的是苟且，跨过去了是远方”。

第四，让阳光把逆境照亮。人生遭遇逆境，是不幸的，也是有幸的。有幸在于，逆境令人奋斗，在奋斗的历程中遇到的困难触动思想，引发进步。艰难逆境、厄运灾难所引起的痛苦，蔑视和嘲笑的刺激，会让人形成坚韧不拔的意志，并能激发潜能。

领导干部如果遭遇逆境，不妨让阳光把逆境照亮，去摘取丑陋而有毒的蟾蜍头上那颗珍贵的宝石。

面对逆境，要做一个乐观豁达者，而非悲观褊狭者。乐观豁达者能在逆境中见到机遇，坚定前行；而悲观褊狭者即使遇见机遇也抓不住，畏葸不前。

苏轼之所以能成为“唐宋八大家”之一，跟他的乐观豁达是分不开的。苏轼一生坎坷，境遇苍凉，但他没有因此而沮丧沉沦，而是在坎坷、苍凉中保持着乐观豁达。

苏轼虽然多次被贬谪，但他并没有因此而否定人生，而是力求自我超脱，始终保持着顽强乐观的信念和超然自适的人生态度。林语堂说，苏轼是一个无可救药的乐天派。

而在事业上，即使是在被贬谪之时，苏轼依旧孜孜不倦地追求。宋绍圣四年（1097 年），苏轼被一叶孤舟送到了海南岛儋州。

当时的海南儋州与现在的海南儋州不可同日而语。当时的海南儋州属于荒蛮之地，“北船不到米如珠”（《纵笔三首》）。苏轼“尽卖酒器，以供衣食”，常常以红薯、紫芋充饥。他自建了勉强遮风避雨的五间草屋，自种田地度日。

儋州生活虽然极其艰苦，但是苏轼仍然“超然自得，不改其度”（《与元老侄孙书》）。

在离开儋州时，他写有《雨夜宿净行院》一诗，对自己在儋州的心境做了总结：

芒鞋不踏利名场，一叶轻舟寄渺茫。

林下对床听夜雨，静无灯火照凄凉。

据《遂溪县志》载，宋朝哲宗之时，苏轼被贬到海南，至宋元符三年（1100 年），遇赦北归，从海南儋州坐船回到北部湾时受风雨之阻，便舍舟登岸，住在遂溪县兴廉村净行院，遂有此诗。

由诗可见，苏轼的内心早已淡出了名利场。因为摆脱了名利的羁绊，心境淡然地寄存在渺茫的天地间，即便是在林下简陋的没有灯火的小屋，闻听夜雨，也感受不到什么凄凉，唯有雨声，唯有宁静。

苏轼虽然以出世的态度做人，但却以入世的精神做事。他把放逐地儋州当成了自己的第二故乡，“我本儋耳人，寄生西蜀州”。

他在儋州以超然的心态，创作了 140 余首诗词，100 余篇散文，并对《易传》和《论语》进行了修订。

他在儋州办学堂，许多人不远千里追至儋州，从苏轼学。儋州县志记载：“北宋苏文忠公来琼，居儋四年，以诗书礼教转化其风俗，变化其人心。”

他在儋州劝农耕，教化大家讲究卫生。为解决当地黎族百姓饮用沟渠浊水问题，他指导当地人勘察水脉，掘土打井，人称

“东坡井”，并向当地的黎族百姓传播中原文明。

苏轼为什么能历尽磨难而悠闲从容、旷达乐观？看看他的《定风波》就清楚了：

> 莫听穿林打叶声，何妨吟啸且徐行。竹杖芒鞋轻胜马，谁怕？一蓑烟雨任平生。料峭春风吹酒醒，微冷，山头斜照却相迎。回首向来萧瑟处，归去，也无风雨也无晴。

此词作于苏轼被贬黄州后的第三个春天（1082 年）。纵观全词，呈现出一种醒醉皆无、喜悲皆淡、胜败皆忘的人生哲学和处世态度。

4. 面对无端非议，做一颗“牛油果”

非议，是指责备、指责、批评。“人在江湖飘，哪能不挨刀？”“你又不是人民币，哪能所有的人都喜欢你？”受责备也没什么好大惊小怪的。至于批评，可能是对方关心你、爱护你、帮助你克服缺点和不足的一种方式方法。尽管如此，有的人受到非议的时候，心里还是会感到不痛快。

第一，保持内心宁静。有一首歌叫《致独一无二的你》，其中有这样几句歌词：“记得不要在乎别人非议，要习惯性选择忘记，把所有冷眼嘲笑，都当作一种鼓励，就不会觉得有多委屈。”

这实际上就是告诉人们，面对非议时，要有一种宁静的心态。有了宁静的心态，何惧什么非议？

其实，“谁人背后无人说，谁人背后不说人”。飞短流长，古今中外概莫如是。

有的人在背后论人长短，并非出于恶意，只是闲着无聊，评论评论而已。对这种非议大可一笑了之。

即使是恶意的非议，也不能太在意。在意了，就是用别人的错误来惩罚自己。用别人的错误来惩罚自己，自己郁闷了，甚至抑郁了，恶意的非议者就达到了目的。

有人告诉苏格拉底，你的一个朋友说了你许多坏话。苏格拉底听后淡然一笑，没有其他表示。

那人问：“你为什么不生气？”苏格拉底说：“我为什么要听他的支配？他让我生气，我偏不生气。”

对付恶意的非议，最好的办法，就是不听。请看看唐代政治家狄仁杰的做法。

某日，武则天对狄仁杰说：“你在汝南郡任职时，治理得很出色。但是有许多人在背地里诽谤你，你想知道那些人是谁吗？”

狄仁杰回答说：“如果陛下认为臣有过错，臣便改正，至于有人到朝廷讲臣的不是，臣并不想知道是谁。”

狄仁杰真是智者。眼不见，心不烦；耳不听，心不乱。

第二，培养“牛油果型人格”。对于包含着正确意见的非议，领导干部要知错就改，但对无端的非议，怎么处理？我认为，不妨培养“牛油果型人格”。

“牛油果型人格”是哈佛大学心理学家布莱恩·利特尔在《突破天性》一书中提出的比喻，学名叫“低自我控制型人格”。

所谓“牛油果型人格”，顾名思义，这种人格就像一颗“牛油果”，你不断往里面挖的时候，会发现一个坚硬的内核。

换句话来说，就是有一个坚定的核心自我。“敌军围困万千重，我自岿然不动。”

具有“牛油果型人格”的人，就像芝加哥大学教授、心理学家海因茨·科胡特对“核心自我”描述的那样：在情绪的惊涛骇浪中，有一个核心自我稳稳地站在那里。它会摇晃，摇晃是一种呼应，但只摇晃，根基不被动摇。

我曾经看到一幅图片，一瓣橘子硬挤在蒜头里，想跟蒜瓣为伍。我觉得这幅图很有意思。本来是一瓣橘子，却硬要去装蒜。

为什么要装蒜，而不能保有自身的本色？我琢磨着，原因有多种：一是环境所迫。欺骗着别人，也忽悠着自己。二是利益所驱。为了自身能获益，管他是装蒜还是装葱。三是虚名所致。为了能挤进某个圈子，在圈里混个脸熟，拼命拔高自己。

其实，蒜就是蒜，橘子就是橘子，装是装不来的。与其心累着去装蒜，不如淡定地做橘子。

蒜有蒜的功能，橘子有橘子的作用。一瓣橘子做好了，也会芳香四溢；否则，硬装蒜，不仅与蒜格格不入，还成了什么都不是的怪味体。

做人应当有独立的人格和个性，要做最好的自己，而不是一味不管是非地趋同他人。

“月缺不改光，剑折不改刚。”在尘世不可捉摸的命运中，智慧的领导不会在意高官厚禄，不会计较针头线脑，不会留心别人的闲言碎语，而是保有自身的光、自身的刚，活出生命的精彩，自然，淡然，坦然，毅然。

古语云：“水至清则无鱼。”意思是，水太清了，鱼就无法生存。意喻对人或物不可要求太高。

但我在某日读书读到“水清则月临，心静则佛现”时，似有醍醐灌顶之感。突然开悟：水至清则无鱼，但水清则月临。没有鱼相伴，但有月相陪，更是高洁。同样，礼佛不在叩首磕头，而在心绪是否平静如镜，是否真心坦诚。心如镜，佛在心中；心坦诚，佛随左右。

由此而言，对己对人对物尽可高标准，道同者交，道不同者弃，不做垃圾桶。把什么人都当作朋友，永远没有真正的朋友。

第三，绝不能做“洋葱”。与“牛油果型人格”相对应的是“洋葱型人格”。“洋葱型人格”也是布莱恩·利特尔在《突破天性》一书中提出的比喻，学名叫“高自我控制型人格”。

“高自我控制型人格”就像一颗洋葱，当你一层层地剥开它，却发现它根本没有内核，没有本质的自我。

拥有“洋葱型人格”的人，永远活在别人的世界里，对非议特别在乎，尤其是无端的非议。总是怕说错话、做错事、得罪人；

总是想要照顾所有人的情绪，取悦别人，而唯独忽略自己。久而久之就会失去自我。

事实上，人有多讨好，就有多自私。拥有“洋葱型人格”的人没有注意到，历史更关注的是一个人对社会的贡献，而不是那些指责、责难他的闲言碎语。

从长远来看，每一个领导干部都会退出政治舞台。但退出政治舞台之后，跟在你名字后面的只有你为这个世界所做的事情，而不是那些非议。

第四，少犯错误，避免非议。避免非议的最好办法是少犯错误。但人非圣贤，孰能无过？即便是圣贤，也有犯错误的时候。孔子是圣贤，这毋庸置疑。但就是圣贤孔子，也曾经在识人上犯过错误，所谓“以貌取人，失之子羽”是也。

《史记·仲尼弟子列传》记载：子羽，复姓澹台，名灭明，是孔子的学生。他比孔子小 39 岁。

子羽相貌丑陋，想拜孔子为师。虽然孔子收下了子羽，但认为从他的相貌上看，难以成才，不会有大出息。

然而，子羽离开孔子，任鲁国大夫，做事公道正派。他又南下楚国，设坛讲学，培养了几百名弟子，名扬诸侯。

孔子听说了这件事情之后，感慨地说，我“以貌取人，失之子羽”。

连圣人孔子都可能犯错误，何况我们这些凡夫俗子？

虽然谁都可能犯错误，但错误有大有小。领导干部犯错误，尤其是犯决策错误，会涉及千家万户的利益，涉及千百万人的生命安全。

那么，领导干部怎样才能少犯错误？陈云的《怎样才能少犯错误》一文给出了答案。

《怎样才能少犯错误》是陈云 1947 年 2 月 7 日在中共中央辽东分局会议上的讲话。

在讲话中，陈云开门见山："我们可不可以少犯错误？这个问题提得好。拿我来说，我是中央委员，我犯了错误，影响就比较大。"①

陈云的这句话很明确地说明领导干部的职务权力与错误所影响的范围是成正比的。比如，一个乡的主要负责人拍板作出的公共决策要是错了的话，就会影响到一个乡，依此类推。

怎样才能少犯错误？陈云给出的答案是"就要避免认识上的片面性"。其方法，有三条。②

第一，交换。陈云认为："交换是带头的。所谓交换，就是要互相交换正反两面的意见，以求了解事物的全面情况。交换时要特别找同自己相反的意见，相反的意见可以补充我们对事物认识的不足。相反的意见即使错了，也有可能反映了事物的一个方面，或者包括一些历史经验的推论。因此，对同自己相反的意见，我们也要作些分析，吸取其中有用的部分。"

---

① 《陈云文选》第 1 卷，人民出版社 1995 年版，第 342 页。
② 参见《陈云文选》第 1 卷，人民出版社 1995 年版，第 343—346 页。

对于交换的方法，陈云特别强调要“找同自己相反的意见”。

他还着重分析了陈独秀、李立三、王明犯错误的原因，指出他们犯错误，“不是由于这些人发神经病，或者因为他们是傻瓜，主要是由于他们夸大了事物的一面，所谓知其一不知其二”。

第二，比较。陈云告诉我们：“交换是为了更全面地认识事物，比较则是为了更好地判断事物的性质。不经过比较，就看不清事物已经发展到什么程度，它的要害和本质是什么。”

他认为，“一经比较，就能够对事物认识得更清楚、更深刻”。

第三，反复。陈云指出：“比较仍然是认识的过程，反复则既是认识的过程，也是实践的过程。反复，首先要在决定了对策之后，再找反对的意见攻一攻，使认识更正确。而最要紧的，是在实践过程中反复认识。凡是正确的，就坚持和发展。如果发现缺点就加以弥补，发现错误就立即改正。总之，判断，行动，再认识，修正之，这样就可以不犯大的错误。”

四、处世智慧

——人生通达的千古良方

人们常说“人无完人”，但明朝哲学家王阳明，却被人称为“千古第一完人”。

王阳明为什么能被人称为“千古第一完人”？这不仅仅是因为他精通儒学、道学、佛学，学识渊博，更为关键的是他在为人处世上具有大智慧。他的“不管人非笑，不管人毁谤，不管人荣辱”这“三不管”，就把向来为人所累的“人面、情面、场面”妥妥地解决了。王阳明认为，为人处世要是做好了这“三不管”，内心就能稳固如山，余生就能顺风顺水。

为人处世是一个人在社会中的生存之道，是一个人世界观、价值观的表现，是一个人用什么样的态度、什么样的方式存活在这个世界上。

领导干部也是生活在社会上的人，既然生活在社会上，就需要具有为人处世的智慧。

领导干部有了为人处世的智慧，就能把握为人的价值取舍、做事的分寸尺度，该取该舍，从容淡定。

领导干部有了为人处世的智慧，就能掌握与他人相处的边界。对上不谄媚，对下不骄横，以平常之心待人接物。

1. 处理好舍得的关系

人生在世，懂得了舍与得，处理好舍与得的关系，也就活明白、活通透了。

鸣蝉舍弃了外壳，才得到在树上鸣叫的机会；壁虎遇到危险时自断尾巴，才得以保全性命。

舍得是一种既对立又统一的矛盾体，不舍不得，小舍小得，大舍大得。什么都无法舍弃的人，最终会不堪其累，甚至以前得到的也会丧失殆尽。

早在 2000 多年前孟子就说过：“鱼，我所欲也，熊掌，亦我所欲也；二者不可得兼。”

但是，有人就想二者兼得。“当官我所欲也，发财亦我所欲也，二者必须兼得。”结果，没有结果，只有后果，后果就是被撤职查办，没收全部财产，身陷囹圄。那些被绳之以法的落马官员莫不如此。

“为官发财，应当两道”，这是古训。这个古训告诉后人，当官和发财，是两条道。想当官就别想着发财，想发财就别想着当官。

当官者手中执掌的是公权，不是私权。公权只能为人民谋利益、谋幸福，而不能为自己及亲朋好友谋取利益。

那些既想发财又想做官，鱼和熊掌都要兼得之人，最终什么都不会得到。

在舍与得之间，“得”多为人所在意。这也无可厚非，人性使然。市场经济条件下，一般人谁不想利润最大化？但有时候，事情就是那么怪异，想得到的多，最后却什么都得不到。柳宗元在《蝜蝂传》中讲述了这样一个故事。

蝜蝂，是一种喜爱背东西的小虫子。它在爬行的时候，遇到东西，总是抓取过来，背着这些东西继续前行。东西越背越重，即使非常劳累，它也不停止，终于被压倒爬不起来。

有的人可怜它，帮它去掉背上的东西，可是它如果能继续爬行，就又把东西抓取过来放在背上。这种小虫子还喜欢往高处爬，竭尽全力也不肯停止，以致掉在地上摔死。

其实，我们人类社会也充满着形形色色的“蝜蝂”，不自量力地想得到越来越多的东西，最终一切都化为乌有。

舍得，不仅是一种哲学，更是领导干部处世、为政的智慧。领导干部只有敢舍肯舍，道路才能越走越宽。有时候，舍弃并非失去，而是另一种方式的获得。

第一，舍非分之财。所谓“非分之财”，就是不是自己应得的钱财。君子爱财，取之有道。面对非分之财，领导干部要有“铁石心肠”。不是自己应得的钱财不要，不应该拿的钱财不拿。请看林伯渠是怎样做的。

长征途中，林伯渠担任没收征发委员会主任和总供给部部长。

当时，他经手的财物非常多，但他毫厘不沾，并提出了“约法三章”：一切缴获要归公，该分配给群众的分给群众，该留给部队的留给部队；个人不能私拿私分一点儿物品；不准吃土豪家的东西，也不准在土豪家煮东西吃。

林伯渠带头严格遵守“约法三章”，不因自己是主任、部长而搞特殊化。

中华人民共和国成立后，林伯渠担任了中央人民政府秘书长。他依然保持着中国共产党人的优良传统，廉洁奉公，不取非分之财。

1958 年 10 月，宁夏回族自治区成立，林伯渠代表党中央、中央人民政府赴银川祝贺。

为了对中央代表表示欢迎和感谢，宁夏回族自治区有关部门专门用当地特产的羊毛加工了质量上乘的毛毯，赠送给代表们。

当把漂亮的毛毯送到林伯渠面前时，他很生气。他立即将宁夏回族自治区主席刘格平找来，严肃地对他说：“不许送礼，这是中央的规定。我们要守纪律，给每位代表赠送的毛毯要马上收回。”后来，这些赠送的毛毯都被工作人员收了回去。

领导干部舍弃了非分之财，才能保持自由清廉之身；反之，就会被非分之财所“绑架”，最后身败名裂。

第二，舍非分之事。所谓“非分之事”，就是不符合要求的事情。领导干部的一言一行都要符合党纪国法的要求。如果有背离党纪国法要求的事情，则坚决不能做。林伯渠不仅非分之财不取，非分之事也坚决不做。

林伯渠的故乡在湖南省临澧县。1956年，临澧县有两位同志来看望他。林伯渠热情地接待了他们，并同他们长谈，了解家乡的状况。然而，当他们提出想通过林伯渠的关系买两辆汽车时，林伯渠拒绝了他们的请求。

林伯渠对他们解释说："汽车是国家计划分配物资，不顾国家计划，乱批条子，这个权我不能用。"

第三，舍名利。领导干部应该有追求，但这种追求不是追求自身的名利，而是要把为党和人民事业不懈奋斗作为毕生追求，把个人理想追求融入党和人民的事业之中。

舍名利，才能淡泊名利，视名利为浮云。武侠片《独孤九剑》中有两句禅语式的诗："谁能破名利，太虚任遨游。"这两句诗说得很深刻。谁要能突破"名利"两个字，就可以任意遨游于天地之间了。

为什么突破了"名利"二字，就能"太虚任遨游"？因为"无欲则刚"。林则徐的话给出了很好的答案。

"勿务虚名而获实祸。"这是毛泽东早年对我们的告诫。"祸生于欲得，福生于自禁。"一个满脑子都是虚名私利的人是走不远的。

诸葛亮在晚年给他8岁的儿子诸葛瞻写下了《诫子书》。文中云："非淡泊无以明志，非宁静无以致远。"这是告诫他的儿子，不追求名利，生活简单朴素，才能显示出自己的志趣；不追求热闹，心境安宁清静，才能达到远大目标。

面对荣誉，比贡献、比不足。领导干部应该有荣誉感，荣誉感可以激发自己前进的动力。但这种荣誉感是通过向党和人民作贡献而获得的。因此，面对荣誉的时候，首先要想到，哪些同志比自己贡献大；自己的哪些工作跟其他同志相比还有差距和不足？

而且，荣誉的获得应该是自身努力奋斗的结果。用自己的品德、能力获得桂冠，令人敬佩；用自己的智慧、劳动获得赞誉，让人钦佩。但用投机取巧、弄虚作假等手段来骗取荣誉是卑鄙的行为，是为正直的人所不齿的。

对名利保持一颗平常心。邹韬奋先生曾经有言："名利都是身外物，只有尽一人的心力，使社会上的人多得他工作的裨益，是人生最愉快的事情。"的确，"荣华花间露，富贵草上霜"，个人的名利是身外之物，只有党和人民的事业才是永恒久远的存在。

当然，我们并不完全否定个人对名利的追求，但君子爱财，取之有道；君子爱名，得之有法，绝不能不择手段、欺世盗名得利。《韩非子·外储说右下》中记载了这样一则故事。

战国时，鲁国的丞相公仪休爱好吃鱼。于是，鲁国的人争相购买鱼送给他。但是，公仪休从来不接受任何人的馈赠。

他弟弟奇怪地问："您喜欢吃鱼，为什么人家给您送鱼，您却不接受呢？"

公仪休回答说："正因为我喜欢吃鱼，才不接受。如果我接受了别人送的鱼，就要看人的脸色行事。看人的脸色行事，将会徇私舞弊，贪赃枉法。徇私舞弊，贪赃枉法，就会被罢免。被罢免，他们就不会再给我送鱼，我也不能再有俸禄买到鱼。如果我不接受别人送的鱼，就不会被免职，我爱吃鱼，也能用自己的俸禄买鱼。”

公仪休很懂得舍得关系。他舍弃了别人馈赠的鱼，才得以长久有鱼吃。

2. 诚实守信最为根本

世界是多元的，人性是复杂的，每个人的处世智慧也各不相同。尽管如此，还是有最根本的处世智慧，即诚实守信。这是处世智慧的基石。离开了诚实守信，任何的技巧、套路都不值一提，也谈不上什么聪明、智慧。任何技巧在真诚面前都为零。

唐朝人吴兢在《贞观政要 · 诚信》中记载，贞观十年，魏徵上疏说：“臣闻为国之基，必资于德礼；君之所保，惟在于诚信。诚信立则下无二心，德礼形则远人斯格。……言而不行，言无信也；令而不从，令无诚也。不信之言，无诚之令，为上则败德，为下则危身。虽在颠沛之中，君子之所不为也。”

这里，魏徵告诉唐太宗：“国家的基础在于道德和礼教；国君地位的保障，在于诚实守信。有了诚信，臣民就不会有二心，实行德政，边远的人民也会来归顺。……如果说了却不做，是言而无信；接受了命令却不执行，是没有诚意。没有信用的言论，没有诚意的命令，如果是君王，就会败坏名声，如果是臣下，就会危及生命。因此，即使身不由己，处境艰难，君子也不会做有失诚信的事情。”

鲁迅说，伟大人格的素质，重要的是个“诚”字。

“人先信而后求能”，这话出自《淮南子·说林训》。意思是说，看一个人，要先看他是否诚信，再看他能力如何。

诚实守信是最为高尚的人格力量。人格是做人的尊严、价值和品格的总和。人格是有力量的，这种力量能获得他人的尊重和景仰。

事实证明，一个具有诚信品质的领导干部，才能得到他人的敬重和信任，才能受到人民群众的信赖和追随。

美国著名心理学家兼作家艾琳·卡瑟拉说：“诚实是力量的一种象征，它显示着一个人的高度自重和内心的安全感与尊严感。”

第一，诚实守信是最安全的处世之道。俄国著名生物学家巴甫洛夫说：“为了描写人类的内心世界，上百万页著作曾经被完成，但是结果怎样呢？直到现在，我们并没有人类心理生活的规律。‘另外一个人的灵魂是一个谜’，这句格言直到现在还是真实的。”

当我们面对着一个一个谜一样的“灵魂”，我们怎样去与他们相处呢？诚信可以为我们打开一条最安全的处世之道。对此，日本当代企业界巨头松下幸之助在谈到他的经营哲学时说过这样一席话："在我们每天的生活中，不要为了显扬自我而说些冠冕堂皇的话，为自己的言行做各种粉饰。这种要求看起来容易，实行起来却不简单。尤其是利禄之心较重的人，更喜欢处处显得自己比别人强。然而，每个人的禀赋不同，虽然极尽各种掩饰之法，也无法隐瞒自我本色。虚饰的外壳很快就会脱落，甚至会因此而信誉扫地，我认为诚信是一条最安全的处世之道。"

这实际上是松下幸之助自身生活、经营经验的总结。他靠着诚信结交了许许多多的朋友，使自己的企业不断发展壮大，并成为世界著名的企业，也使自己成为家喻户晓的商业奇才。

常言道："人心换人心。"你诚心诚意地对待别人，别人也会诚心诚意地对待你，并愿意与你交往。如果你跟别人玩虚的，并让人看出了破绽，别人就会对你疏远。

第二，诚实守信是治国理政的法宝。司马迁说："夫信者，人君之大宝也。国保于民，民保于信，非信无以使民，非民无以守国。是故古之王者不欺四海，霸者不欺四邻，善为国者不欺其民，善为家者不欺其亲。不善者反之。欺其邻国，欺其百姓，甚者欺其兄弟，欺其父子。上不信下，下不信上，上下离心，以至于败。所利不能药其所伤，所获不能补其所亡，岂不哀哉！"

在司马迁看来，"信"是治理国家、管理社会的法宝。要想保住国家的政权，必须取信于民。如果国与国之间、上与下之间、家庭亲属之间都相互欺骗，互不信任，就会分崩离析，国家之间就要爆发战争，国家政权就不会稳固，家道就会衰落。即使用欺骗获得了些许好处，也不能医治因欺骗所带来的创伤，不能弥补因欺骗所遭受的损失。

事实证明，诚信的确是治国理政的法宝。有了这一法宝，才能外敌不敢欺，内寇不敢骗，国家安宁，百姓团结。正因为如此，古往今来的有识之士，无不重视用诚信来治国理政。

第三，诚实守信是中华民族的传统美德。诚信虽然无形，但其价值却不可估量。李白在《侠客行》中，曾经用“三杯吐然诺，五岳倒为轻”这样生动的诗句，来形容诚信的分量比五岳还重。

“君臣不信，则百姓诽谤，社稷不宁。处官不信，则少不畏长，贵贱相轻。赏罚不信，则民易犯法，不可使令。…… 其唯信乎！信而又信，重袭于身，乃通于天。以此治人，则膏雨甘露降矣。”这是《吕氏春秋》中的一段话。

这段话论述的是诚信在治国理政中的作用：君臣不讲诚信，百姓就会批评指责，国家就不安宁。为官不讲诚信，年轻的人就不会敬畏年长的人，地位尊贵的人和地位卑微的人就会相互轻视。赏罚不讲诚信，百姓就会轻易地犯法，无法使他们听从。……只有诚信，诚信了再诚信，诚信重叠于身，才能与天意相通。靠诚信来治国理政，管理百姓，一切就能顺利畅达。

这段话真可谓是真知灼见。诚实守信在为人处世、治国理政中的重要作用，毋庸赘言。领导干部要深刻认识诚实守信的作用，并在社会生活中始终用诚信来修养自身。

第四，始终保持高尚的诚信道德要求。苏联著名文学家高尔基曾经说：“一个人追求的目标越高，他的才力就发展得越快，对社会就越有益，我确信这也是一个真理。”

事实上，诚信的实践也是如此。领导干部如果能始终保持高尚的诚信道德要求，就能在这一高标准的要求下，不断地修正自己的言行，严格按照诚信的道德要求去做，从而成为“一个高尚的人，一个纯粹的人，一个有道德的人，一个脱离了低级趣味的人，一个有益于人民的人”。

第五，培养诚实守信的道德习惯。当一个人不再时时事事需要以诚信道德标准来思考，而是自然而然地按照一定的诚信道德要求去指导自己的行为时，他就养成了一定的诚信道德习惯。

诚信道德习惯不仅是诚信道德认识、诚信道德情感、诚信道德意志、诚信道德信念的有机融合，而且是一定诚信道德行为反复积累而成的结晶。

“积小节而成伟大。”领导干部良好的诚信道德习惯的养成不是一蹴而就的，而是平时不断积累的结果。因此，领导干部要从小事做起，从点滴做起，始终保持诚实守信的道德要求。

3. 骄傲是仕途的暗礁

常言道：“骄傲与失败挂钩，虚心与进步交友。”古人云：

“满招损，谦受益。”明末清初文学家申涵光在他所著的《荆园小语》中有言：“功成九仞，一骄便可坠地。”

上述种种至理名言，说出了一个共同的道理：骄傲是人生、仕途的暗礁，是失败的根由；而谦虚是成功进步的阶梯。在社会活动中，最受欢迎的言辞是谦虚的言辞，最受欢迎的人是谦虚的人。

所以，魏徵在《谏太宗十思疏》中提醒唐太宗：“念高危，则思谦冲而自牧；惧满盈，则思江海下百川。”想到自己地位高，充满危机，就要不忘用谦虚来自我约束；害怕会骄傲自满，就要想到要像江海那样能容纳百川。

领导干部要避免人生、仕途的暗礁，就要既不高看自己，也不低看别人。这是做人的道理、做官的境界、处世的智慧。

第一，不高看自己，才能正确认识自己。人生活在世界上，会遇到很多难事，但最难的事，莫过于正确认识自己。所以，人们常讲“人贵有自知之明”。

把人的“自知之明”称为“贵”，足见一个人具有“自知之明”之不易。正因为不易，所以称为“贵”；正因为“贵”，才鲜有自知之明之人，而多有缺乏“自知之明”之人。

有的人在本职工作上做出了一点成绩，就自以为拥有了邀功请赏、提拔重用的资本。如果不能得功受赏、提拔重用，就怨天尤人，大叹怀才不遇。

有的人担任了某一领导职务，就自以为高人一等，了不起，盛气凌人。如果有人敢在他面前陈述不同意见，他就会暴跳如雷，认为是挑战他的“权威”。

有的人在学术上取得了一点点成绩，就自认为是学术界的“老大”，不把同行放在眼里。

这是什么行为？这就是“高看了自己”。殊不知，“山外青山楼外楼，更有英雄在前头”“智者千虑，必有一失”“术业有专攻”。要知道，盲目地自我陶醉，比面对公开的挑战更具有危险性。这就是人们常说的：“自高则必危，自满则必溢。”

获得成功，不要以为自己就很完美；取得成就，不要以为自己就功高盖世；有点名声，不要以为自己就名震寰宇；身居高位，不要以为自己就能不可一世。

第二，不低看别人，才能虚心学习他人。“三人行，必有我师”“愚者千虑，必有一得”“每个人都是一棵开花的树”“一块不走的表每天也会对两次”。这些话说的都是不要低看别人，要虚心向他人学习。

每个人都有值得学习借鉴的地方。有这样一则故事。

在一条湍急的河流上，行驶着一条船，船上除了船夫以外，还有一个哲学家。

哲学家问船夫：“你学过外语吗？”船夫答：“没有。”哲学家又问：“你学过历史吗？”船夫答：“没有。”哲学家摇摇头说：“那么，你失去了生命的一半。”

船继续往前行驶。哲学家接着问：“你学过数学吗？”船夫答："没有。"哲学家摇摇头说："你失去了生命的另一半。"

这时，一阵大风刮来，把小船给吹翻了。船夫看着在水里挣扎的哲学家，高声问："你会游泳吗？"哲学家答："不会。"船夫说："那你就要失去整个生命了。"

哲学家虽然学过外语、历史、数学，但没有学过游泳，因此，在船翻入水中时，他只能束手无策；而船夫虽然没有学过外语、历史、数学，但他会游泳，因此，在湍急的河流中，他仍然稳坐船上。

这就是"尺有所短，寸有所长"。事物都是辩证的，从某种意义上来说，一个人在某些方面虽是强者，但他在另一方面也许就是弱者。

领导干部不低看别人，虚心向他人学习，才能获得自己不懂的知识，才能获得别人的宝贵经验，才能吸取别人的教训。

第三，高看自己，自己不一定高。一个人"高"不"高"，不在自己，而在别人怎么看。比如，安徽省原副省长王怀忠在阜阳市主政期间，经常吹嘘"阜阳是我王家的天下"。

阜阳市在没有拆分成阜阳、亳州两个市之前，有 1300 多万人口。对此，王怀忠津津乐道。他经常自诩，阜阳的人口超过北京、上海，是"中国最大的市"，而他是"第一市"的市委书记。

一次在酒桌上，他还把阜阳市人口与世界各国人口比较排名，醉醺醺地说自己是"世界第 58 国总统"。

有人拍他的马屁，给他送了一幅字，上书"颍（阜阳）亳两州一圣王”。他如获至宝，作为珍品收藏。

王怀忠把自己看得很高，但人民群众怎么看他呢？王怀忠在被绳之以法之前，阜阳就流传着这样一句顺口溜：“只要反腐不放松，定能抓住王怀忠。”阜阳人还给他取了个外号：“王坏种”。最终，王怀忠案发落马，被判处死刑。

一个人身居高位，但是他以权谋私，滥用权力，视百姓为草芥，那么百姓就不会高看他；相反，还会唾弃他。

而一个人哪怕只是村干部，但只要他全心全意为人民服务，人们也会把他看得很高。比如沈浩，他是安徽省凤阳县小岗村的村干部，兢兢业业，全心全意为人民服务，成为小岗村老百姓离不开的好干部，农民群众的贴心人。

“高看自己，自己不一定高”，但“低看别人，自己却一定低”。

在道德上，骄傲的人先输人一筹。一个道德高尚的人，绝不会“看自己是一朵花，看别人是豆腐渣”。

在能力上，骄傲的人会故步自封。一个视别人为“豆腐渣”的人，怎么会虚心向别人学习？一个人总是以自我为满足，是不可能成长进步的。不仅不能成长进步，甚至还会退步。

在社交上，骄傲的人会恃才傲物。“恃才傲物”是个成语，它来源于一个典故。《梁书·列传·第二十九》记载：

南朝梁人萧子显很有学问，官至吏部尚书。全国官员的任免、考核、升降、调动等事宜都掌握在他的手里。

萧子显自恃有学问，很少有看得上的人，他自恃官位高，官架子摆得足足的。史书上说，平日里，他“见九流宾客，不与交言，但举扇一挥而已”。

所谓“九流宾客”，就是各种人物。也就是说，不管见到什么人物，他从来不跟人家说话，只是举起扇子，一挥而过。当然，皇帝除外。

书中还记述说，“衣冠窃恨之”。这里的“衣冠”是官宦的代称。就是说，一些官吏私下里都痛恨他。看来，人们不喜欢恃才傲物的人，或者说恃才傲物招人恨。

萧子显染病身亡下葬时，他的家人上疏简文帝，请简文帝给他个谥号。简文帝手诏“恃才傲物，宜谥曰骄”。

这是简文帝给他的盖棺定论。

4. 处世最忌讳势利眼

势利眼，是看权势的大小、财利的多少来分别对待人的一种表现。俗语所谓“看见大，得得拜；看见小，踏一脚”，就是对势利眼的生动描述。

“势利”一词，由来已久。《淮南子》中就有“势利不能诱也”之语；而势利之人也是惯常有之，古今不绝。许多人都领教过势利之人的“厉害”，比如北宋著名文学家苏轼便遭遇过。

一次，苏轼来到莫干山上的一座庙宇。庙里的住持见他衣着简朴，便以为他是一般的施主，遂漫不经心地指着一个破凳子对他说："坐。"随后，住持便吩咐道童说："茶。"

等他们聊了一会儿，住持发现来客谈吐不俗，就把他带到大殿，客气地说："请坐！"又对道童吩咐说："敬茶。"

后来，当住持知道这位施主是大名鼎鼎的文学家苏轼时，赶紧道歉，并把苏轼请到客厅，毕恭毕敬地说："请上座！"还命令道童："敬香茶！"

苏轼离开庙宇之前，住持请他题字留念。苏轼挥笔写了下面的字幅：

坐，请坐，请上座；

茶，敬茶，敬香茶。

寥寥数字，勾勒出势利眼住持的可恶面孔。

司马迁在《史记·苏秦列传》中记载了这样一个故事。

战国的苏秦，是鬼谷子的学生。他从鬼谷子那里学了一点本事之后，就去向秦惠王推行他的政治主张，但秦惠王对他的政治主张毫无兴趣。

苏秦在秦国逗留日久，黑貂皮大衣穿破了，几百两铜钱也用光了，盘缠全无。他只好离开秦国，落魄地返回家乡。

当苏秦缠着绑腿布，穿着草鞋，背着书箱，挑着行李，脸又瘦又黑，带着一脸羞愧之色回到家里的时候，他的老婆不下织机，他的嫂子不去做饭，他的父母不跟他讲话。

苏秦见此情形深深地叹了一口气，说："妻子不把我当丈夫，嫂子不把我当小叔子，父母不把我当儿子，这都是我的过错啊！"

于是，他深更半夜摆开几十只书箱，找到了姜太公的兵书，埋头诵读，读困了就用锥刺股。

后来，苏秦的学问精进。等到他再外出游说，居然挂上了燕、赵、齐、楚、韩、魏六国的相印。当他荣归故里之时，他的父母打扫好了房间，摆好了酒席，到郊外30里处迎接。他的老婆不敢正眼看他，不敢正耳听他讲话；他的嫂子匍匐而行，向他跪拜道歉。

苏秦问："嫂子，你为什么过去那么趾高气扬，而现在又如此卑躬屈膝呢？"他的嫂子回答说："因为你现在地位尊贵而且很有钱呀。"

这个故事也是成语"前倨后恭"的来历。看来，这势利眼还真是"源远流长"。

看了上面这个历史故事，读者肯定不齿苏秦父母、老婆、嫂子的行为，但时至今日，这种父母、这种老婆、这种嫂子绝迹了吗？并没有绝迹。

就连父母、老婆、嫂子尚且如此，何况其他人呢？

君不见，领导在位时，门前车水马龙，见面笑脸相迎；领导退休后，门前冷落车马稀，见面熟视无睹。

君不见，外出打工者，落魄而归时，脊梁骨能被乡人戳破；

富贵还乡时，家中门槛能被乡人踏破。

有一位朋友给我讲过他的故事。某年，他到外地某县讲课。中午县委书记宴请。席间，这个县委书记一副高高在上的样子，而等他知道对方是市委书记的亲戚的时候，马上变了一副面孔。

虽然势利眼古今表现的形式有所不同，但其本质是一样的：有势就有情，没势没了情；有利就有义，没利没了义。《名贤集》中有更为形象的解说："白马红缨彩色新，不是亲者强来亲；一朝马死黄金尽，亲者如同陌路人。"势利眼的嘴脸跃然纸上。

事实上，势利眼虽然能得到一时的好处，但一旦其面目昭示于人，就会臭名远扬。因此，为人处世不能太势利。

为人处世太势利，看似聪明，其实是非常愚蠢的。谁都不傻，即使是智商"余额不足"之人，时间长了，他也能看出来端倪，何况现在智商、情商高的人多着呢。

三十年河东，三十年河西，一棵树只要不死，就可能发芽。再说了，一个人"势利"了，眼睛就盯着有权势的人，拼命巴结有权势的人，巴结的结果是，他可能会得到好处，但要知道，被冷落的人会心存不满。这心存不满之人，别看他势单力薄，也许会做出蚂蚁绊倒大象的事情来。

唐末五代王定保撰写的《唐摭言》记载，唐玄宗开元二十三年（735 年），萧颖士考中了进士。他自恃有才华，傲慢无比，把别人都不放在眼里，而且还长着一对势利眼。

萧颖士经常提着一壶酒，到野外去寻找美景。一次，他住在一家小旅馆，独酌独饮。突然，狂风大作，暴雨倾盆，一位身穿紫色衣服的老人领着一个小孩来小旅馆躲避风雨。他见这位老人闲散随意的样子，就非常放肆地欺侮他。

不久，风停雨霁，很快就来了一辆马车。老人上了马车，侍卫喝令行人让道，离开了。

萧颖士急忙问身边的人，这位老人是谁？有人告诉他，这是吏部的王尚书。

当初，萧颖士曾经登门拜访王尚书，但未能见到，此时他惊愕得舌头伸出半尺。

第二天，萧颖士写了一封长信，到王尚书府上去谢罪。王尚书让人把萧颖士领到自家偏房的廊下，很鄙夷地看着他，对他说："很遗憾，你不是我的亲属，不然，我一定要狠狠地教训你。"

停了一会儿，王尚书又说："你依仗着文学的才名，如此倨傲怠慢，也就能中个进士吧。"

萧颖士仕途不顺，跟他恃才傲物、有着一对势利眼有着直接的关系。见老人闲散随意，就肆意羞辱；知老人是吏部尚书，就登门谢罪。

这个萧颖士是南朝梁宗室的后裔，世为官宦之家。史载，萧颖士自幼聪颖好学，过目成诵，4 岁能文，10 岁补太学生，后来考中了进士，对策第一。

萧颖士很聪明，这毋庸置疑。但他恃才傲物，足见不是一个智慧之人。他不知，处世最忌恃才傲物、势利眼。

隋朝的王通在《中说·礼乐篇》中云："以势交者，势倾则绝；以利交者，利穷则散，故君子不与也。"这段话的意思是说，以权势交友的，权势失去了，交情也随之断绝；以利益交友的，利益穷尽了，交情也随之结束。所以，君子不屑为之。

领导干部应该提醒自己，不要以权势、财势来作为与人交往的衡量标准，成为让人鄙视的势利之人，同时也要提防那些势利之人。

五、谋事智慧

——做事成事的前提条件

谋事，是计划做某个事情。我国自古以来就有重视谋事的传统，《鬼谷子》《太公六韬》《孙子兵法》等都讲述了系统化的谋事之道。而且还流传着许多经典的谋事言论，“谋定而后动”“不谋万世者，不足谋一时；不谋全局者，不足谋一域”即是。

谋事是做事的前提和条件，它强调的是出谋划策的能力和水平。谋事，是领导干部的主要职责。

党在“三严三实”专题教育中，要求领导干部“谋事要实”，这是提高领导干部谋事能力和水平的重要方法，也提出了谋事的标准和目的，就是一切从实际出发，解决实际问题。

1. 成大事者须懂驭势

“察势者明，趋势者智，驭势者独步天下。”此句出自《鬼谷子》一书。鬼谷子，本名王诩，是战国时期的传奇人物，是谋略家的鼻祖，被后世尊为“谋圣”。《鬼谷子》被人称为“智慧禁果，旷世奇书”。

这里讲的“势”，是形势、态势、趋势、大势、时势，是客观存在的，具有一定的规律性。

在鬼谷子看来，能够看清楚“势”的人，是明白的人；不仅能看明白“势”而且能顺应“势”的人，是明智的人；能看清“势”且能驾驭“势”，并让“势”为我所用的人，超群出众，无与伦比。正所谓“肯取势者可为人先，能谋势者必有所成，会用势者可得天下”。

春秋末年著名军事家孙武在他所著的《孙子兵法·势篇》中强调：“故善战者，求之于势，不责于人，故能择人而任势。任势者，其战人也，如转木石。木石之性，安则静，危则动，方则止，圆则行。故善战人之势，如转圆石于千仞之山者，势也。”

意思是说，善于带兵打仗的将帅，应该把心思用在依靠、运用、把握和创造有利于自己取胜的“势”上，而不是去苛求手下的官兵，所以他能选择合适的人才，去适应和利用已形成的“势”。善于利用“势”的将帅，指挥部队作战，就像转动木头和石头。木头和石头的特点是，置放在平坦之处就静止，置放在险峻陡峭之处就滚动。方的容易静止，圆的容易滚动。所以，善于指挥打仗的人所造就的“势”，就像让圆石从极高极陡的山上滚下来一样，来势凶猛，这就是所谓的“势”。

领导干部要成为智慧领导，就需要“识之于势”“趋之于势”“驭之于势”。

“识之于势”，就是对形势的发展和趋向变化，要有前瞻眼光和预测能力。正所谓“识时务者为俊杰”。

毛泽东早就在党的七大的结论中指出：“坐在指挥台上，如果什么也看不见，就不能叫领导。坐在指挥台上，只看见地平线上已经出现的大量的普遍的东西，那是平平常常的，也不能算领导。只有当着还没有出现大量的明显的东西的时候，当桅杆顶刚刚露出的时候，就能看出这是要发展成为大量的普遍的东西，并能掌握住它，这才叫领导。”①

领导干部只有具有前瞻眼光，才能看清天下大势，作出正确决策。北宋著名文学家苏洵在《几策·审势》中写道：“不先审天下之势，而欲应天下之务，难矣。”意思就是说，连天下大势都看不清，怎么能应对天下事务？

作为领导干部，必须有一双“慧眼”，及时认清形势的发展变化。如果对形势发展变化的认识模糊不清，势必影响到自己对形势的判断，从而作出错误的决定。

“趋之于势”，就是要跟上形势的发展变化，顺应形势的发展变化，与时俱进，与时偕行。

诺贝尔文学奖得主萧伯纳说过：“明白事理的人使自己适应世界，不明事理的人想使世界适应自己。”要想做个“明白事理的人”，就得顺应形势的发展变化，否则，就会被时代所抛弃。

“驭之于势”，就是能驾驭形势，牢牢把握主动权，并能有效

① 《毛泽东文集》第3卷，人民出版社1996年版，第394—395页。

地应对形势发展变化。领导干部清醒认识形势、跟上形势、适应形势，落脚点就在于能驾驭形势，牢牢把握主动权，及时有效应对形势变化。“准确识变、科学应变、主动求变，善于从眼前的危机、眼前的困难中捕捉和创造机遇。”[①]

毛泽东堪称“识之于势”“趋之于势”“驭之于势”的高手。这也是他能带领全国人民建立中华人民共和国的一个重要原因。

抗日战争全面爆发后，面对“亡国论”和“速胜论”的错误论调，毛泽东在科学分析敌我力量对比的基础上，科学预测抗日战争是持久战，最后胜利将是属于中国人民的。他指出：“这种持久战，将具体地表现于三个阶段之中。第一个阶段，是敌之战略进攻、我之战略防御的时期。第二个阶段，是敌之战略保守、我之准备反攻的时期。第三个阶段，是我之战略反攻、敌之战略退却的时期。”[②]

毛泽东着重指出，第二阶段是整个战争的过渡阶段，也将是最困难的时期。

为了实现持久战的战略总方针，毛泽东还提出了一套具体的战略方针。那就是在第一和第二阶段中主动地、灵活地、有计划地执行防御战中的进攻战，持久战中的速决战，内线作战中的外线作战；第三阶段中，应是战略的反攻战。

---

① 《习近平在浙江考察时强调 统筹推进疫情防控和经济社会发展工作 奋力实现今年经济社会发展目标任务》，《人民日报》2020 年 4 月 2 日。
② 《毛泽东选集》第 2 卷，人民出版社 1991 年版，第 462 页。

毛泽东不仅对抗日战争作出持久战的科学预测，而且顺应持久战给出了相应的对策，从而牢牢把握了抗日战争的主动权，最后取得了抗日战争的伟大胜利。

领导干部要提高“识之于势”“趋之于势”“驭之于势”的本领，需要在以下几个方面下功夫。

第一，拓宽全局视野。善弈者，谋势；而不善弈者，谋子。善谋势者，一子先落，全盘可以弥补；而谋子者，却常常顾此失彼。一着不慎，满盘皆输。这是用下棋来说明全局视野的重要性。善于下棋的人注重整个局势，不善于下棋的人只看到单个棋子的得失。

领导干部拓宽全局视野，就要做一个谋势的善弈者。毛泽东就是一位谋势的善弈者。1947 年 3 月中共中央机关和人民解放军总部主动撤离延安，就是善于谋势的经典案例。

1947 年 3 月，国民党蒋介石集中 34 个旅 25 万人，向党中央所在地延安大举进攻，妄图一举摧毁中共中央机关和人民解放军总部。毛泽东审时度势，决定暂时撤离延安。

为什么要暂时撤离延安？毛泽东说，我军打仗，不在一城一地的得失，而在于消灭敌人的有生力量。存人失地，人地皆存；存地失人，人地皆失。“我们暂时放弃延安，就是把包袱让给敌人背上，使自己打起仗来更主动，更灵活，这样就能大量消灭敌人，到了一定时机，再举行反攻，延安就会重新回到我们手里。”[①]

① 阎长林:《警卫毛泽东纪事》，吉林人民出版社 1992 年版，第 31 页。

善谋势者，是真正的战略家。真正的战略家决不会计较一城一地的得失。后来，中国人民看到了，蒋介石占领延安是搬起石头砸了自己的脚，他倒了大霉。

第二，拓宽全球视野。当今世界正经历百年未有之大变局，我国发展的内部条件和外部环境正在发生深刻而复杂的变化，大变局要素的比拼也前所未有，“国家治理机制、手段、执行力的比拼成为主导变局走向的主要因素。大变局要素的比拼涉及国家生活的方方面面，其广度和深度令人震惊”[①]。国际形势越是复杂，越需要领导干部具备登高望远的全球视野。只有面向世界，才能更好地认识世界、适应世界、拥抱世界。

“世界潮流，浩浩荡荡，顺之则昌，逆之则亡。”中国社会的发展，也需要顺应滚滚向前的世界潮流和大势。

一个国家要发展、一个民族要振兴，必须在历史前进的逻辑中前进，必须在时代进步的趋势中进步，必须在世界发展的潮流中发展，这就需要领导干部以全球视野来谋划战略定位。

井冈山斗争时期，毛泽东站在黄洋界哨口跟一个战士对话。他问战士，从这里你看到哪儿？战士回答，可以看到江西和湖南。毛泽东告诉他，站在井冈山，还要看到全中国，看到全世界。这就是全球视野。

抗日战争是持久战这一战略定位的提出，就是毛泽东以全球

---

① 吴正龙:《解读当今世界“百年未有之大变局”》，北京日报客户端，2019 年 1 月 6 日。

视野谋划的。他在对中日两国国情进行对比分析之后指出："由于中国战争的进步性、正义性而产生出来的国际广大援助，同日本的失道寡助又恰恰相反。总起来说，中国的短处是战争力量之弱，而其长处则在其战争本质的进步性和正义性，在其是一个大国家，在其国际形势之多助。"[①]他还强调说："国际的条件，使得中国在战争中不是孤立的，这一点也是历史上空前的东西。历史上不论中国的战争也罢，印度的战争也罢，都是孤立的。惟独今天遇到世界上已经发生或正在发生的空前广大和空前深刻的人民运动及其对于中国的援助。"[②]

第三，拓宽历史视野。历史是最好的教科书。"指导一个伟大的革命运动的政党，如果没有革命理论，没有历史知识，没有对于实际运动的深刻的了解，要取得胜利是不可能的。"[③]马克思主义的历史主义者从不割断历史，而是善于从历史车轮滚动的痕迹中洞悉今天的现实，看清未来的走向，以史为鉴，与时同行。

治国理政是有规律的。这个规律可以通过历史来晓悟。通过历史了解治国理政的规律，并顺应这个规律，国家就会富强，政治就会清明。

历史是现实的一面明镜。国家治乱兴衰的客观规律，领导活动的得失成败、经验教训尽在其中。以史为鉴，启示的是当下，

① 《毛泽东选集》第2卷，人民出版社1991年版，第449页。
② 《毛泽东选集》第2卷，人民出版社1991年版，第452页。
③ 《毛泽东选集》第2卷，人民出版社1991年版，第533页。

烛照的是未来。

中华民族自古以来就有总结历史经验教训的传统。先哲们有许多深刻的论述流传于后世。

管子曰："疑今者，察之古。不知来者，视之往。"（《管子·形势》）他认为，考察历史，既可以解决今天的难题，又能了解未来的发展。

荀子曰："观往事，以自戒，治乱是非亦可识。"（《荀子·成相》）他认为，反观历史，不仅能够以史为鉴，还能充分认识治乱是非的规律。

贾谊曰："观之上古，验之当世，参之人事，察盛衰之理，审权势之宜，去就有序，变化应时，故旷日长久而社稷安矣。"（《新书·过秦下》）他认为，统治者如果能察古鉴今，明察国家治乱兴衰的客观规律，清楚权势运用的规则，理政就会得心应手，国家就会长治久安了。

翻开历史，我们可以清楚地看到，凡是有作为的执政者，无不善于总结历史经验教训。唐太宗李世民之所以成为一代明君，一个很重要的原因就是他能"以古为镜"。他曾对身边的大臣说："以铜为镜，可以正衣冠；以古为镜，可以知兴替。"正是由于他能从历史这面镜子中看到治国安邦的经验教训，并"鉴前代成败事，以为元龟"，才开创了"贞观之治"的盛世局面。

中国共产党为什么能领导中国人民从胜利走向胜利，取得了当今世界瞩目的成就？其中有一个重要的因素，就是中国共产党善于并一直坚持以史为鉴，开创未来。

领导干部要学会从历史的滋养中洞悉今天的现实、看清未来的发展走向；要拓宽历史视野，探究历史规律，站在历史的高度总结历史经验、把握社会进步的前进规律。

2. 善于权衡利弊得失

权，是秤砣；衡，是秤杆。权衡，是比较、衡量。权衡利弊得失，是说决断、决策时，先要比较一下哪一个有利哪一个有害，懂得轻重，再作出选择，审慎处理，这样才能稳操胜券。

《鬼谷子》有言，“故计国事者，则当审权量”，“量权不审，不知强弱轻重之称”。鬼谷子认为，谋划国家大事的人，应当懂得权衡利弊得失，不懂得权衡利弊得失，就不知道强弱轻重之别，这样的人难谋国家大事。

善于权衡利弊得失，是智慧领导的重要品质。

权衡利弊的根本原则是“两利相衡取其重，两害相衡取其轻”。也就是说，两种利益同时放在面前，要选择利益较大的那种；两种损害同时放在面前，要选择损害较轻的那种。一言以蔽之，“利之中取大，害之中取小”。这是墨子从实践中概括出的权衡利弊的原则。

《墨子·大取》中云：“断指以存腕，利之中取大，害之中取小也。害之中取小也，非取害也，取利也。其所取者，人之所执也。遇盗人，而断指以免身，利也；其遇盗人，害也。”

这段话的意思是说，在不得已的情况下，宁肯断掉一个手指头，也要争取保存手腕。在利中是取大的，在害中是取小的。所谓“害中取小”，在一定意义上可以说不是“取害”，而是“取利”。所谓“取”，是指人对事物的把握和取舍。遇到强盗，被迫断掉一个手指头以保全生命，就保全生命这一点来说是利，就遇到强盗这一点来看，被迫断掉一个手指头来说那就是害。

“利之中取大，害之中取小”，是有主动、被动之区别的，前者主动从容选择，后者迫不得已取舍。

那么，领导干部面对利弊如何取舍决断？主要看决策目标的价值取向。

价值选择是利弊选择的实质。一个人的行为离不开某种价值准则，他在选择了某种价值的同时，也就在利弊之间作出了选择。

领导干部是人民的公仆，是党和政府的执政骨干，要在利弊面前作出正确的选择，必须树立执政为民的价值观。

中国共产党的核心价值是立党为公、执政为民，实现好、维护好、发展好最广大人民根本利益。这就要求领导干部树立执政为民的价值观。

领导干部树立了执政为民的价值观，心中就会始终装着人民。在作出利弊选择时，才会一切从人民的利益出发。

一切从人民的利益出发，是中国共产党一直秉持的核心价值理念。早在 1945 年 4 月 24 日党的七大上，毛泽东就明确指出："我们共产党人区别于其他任何政党的又一个显著的标志，就是和最广大的人民群众取得最密切的联系。全心全意地为人民服务，一刻也不脱离群众；一切从人民的利益出发，而不是从个人或小集团的利益出发；向人民负责和向党的领导机关负责的一致性，这些就是我们的出发点。"①

领导干部树立了执政为民的价值观，就能摆正"党和人民的事业"与"个人利益"的关系，把党和人民的事业看得比泰山还重，把个人利益看得比鸿毛还轻。在"党和人民的事业"与"个人利益"面前，毫不犹豫地选择党和人民的事业，安徽省凤阳县小岗村原第一书记沈浩就是其中的典范。

沈浩（1964 年 5 月—2009 年 11 月 6 日）同志于 2004 年 2 月被安徽省委组织部、省财政厅选派到凤阳县小岗村担任村党委第一书记。

来到小岗村，沈浩很快就实现了从"城里人"到"村里人"的角色转变。他走村串户了解民情，和农民肩并肩地修路办厂。

三年任期，他带领小岗村的百姓修平了路，启动了小岗村的农家乐旅游服务，小岗村的百姓也逐步走上了致富的道路。

然而，沈浩的任期却到了。"当年我们杀头、坐牢都不怕，可沈浩要走，我们真怕了。""大包干"带头人严金昌说。

---

① 《毛泽东选集》第 3 卷，人民出版社 1991 年版，第 1094—1095 页。

几个人一合计，带着一封按下了98个红手印的信找到省委组织部和省财政厅，恳请留下沈浩。

是离开，还是留下？沈浩面临着两难选择。最终沈浩选择了留下，一干又是三年。

三年转瞬即逝。第二个三年任期又要到了。是离开，还是留下？小岗村的百姓再一次按下了红手印，真情地挽留。

离家六年了，90岁的母亲让他特别牵挂，妻子、女儿盼着他早日回家团聚，但小岗村的父老乡亲又让他牵肠挂肚……

在党和人民的事业与个人利益面前，沈浩选择了留下，而且永远地留在了那里。

“两任村官呕心沥血带领一方求发展，六载离家鞠躬尽瘁引导万民奔小康。”这副长长的挽联，浓缩了沈浩人生最后的光辉时刻。

领导干部树立了正确的价值观，就能坚持“小道理”服从“大道理”。

“道理”一词，《现代汉语词典》的解释之一是：“事情或论点的是非得失的依据。”

道理有“大道理”与“小道理”之分。但不管是“大道理”还是“小道理”，都是道理。既然都是道理，那就都得重视。不能只讲“小道理”，不管“大道理”；也不能只讲“大道理”，不管“小道理”。

但问题是，如果“小道理”与“大道理”之间发生了矛盾，如地方与中央、局部与全局、眼前与长远出现利益冲突之时，怎么选择？答案是："大道理"要管"小道理"，"小道理"一定要服从"大道理"。也就是说，地方要服从中央，局部要服从全局，眼前要服从长远。

"大道理"为什么要管"小道理"？"小道理"为什么一定要服从"大道理"？这是领导干部需要搞清楚的问题。

第一，"大道理"是"纲"，小道理是"目"。汉朝人桓谭在《新论》中说："举网以纲，千目皆张；振裘持领，万毛自整。"这句话的意思是说，打鱼时，抓住网上的大绳，网眼就张开了；整理皮袄时，抓住领口一抖，毛就理顺了。

"大道理"就是渔网上的"大绳"、皮袄的"衣领"。纲举目才能张开，持领毛才能齐整。领导活动中，只有用"大道理"管住"小道理"，才能从根本上把握领导工作的方向。

现在，创新、协调、绿色、开放、共享的新发展理念就是大道理。领导干部作决策、办事情就要紧紧依靠这个"大道理"，抓住了这个纲，各个地方、各个部门的工作才能理顺。

第二，"大道理"是"全局"，"小道理"是"局部"。"大道理"与"小道理"的关系，说到底，就是"全局"与"局部"的关系。

全局，是指事物的整体及其发展的全过程；局部，是指构成事物整体的各个部分、各个方面及其发展的各个阶段。

有这样一个故事：有个捕鸟的人在捕鸟的时候发现，捕一只鸟其实只用一个网眼。于是，他便用一个网眼去捕鸟。结果，一只鸟也没捕到。

故事里的主人公只看到“网眼”这个局部的作用，而忽视了“网”这个全局的功能，最终他一无所获。

这个故事告诉我们，观察和处理问题，不能只看局部，而不重视全局。要学会从全局的角度去认识问题、分析问题和解决问题。

《吕氏春秋·察微》中，记载了这样一件事。春秋时期，鲁国有一条法规：鲁国人到其他诸侯国去旅行，如果看到有本国的人在那里沦为奴隶，可以自己垫钱先把他赎回来，等回国之后再到官府去报销，并领取一定的奖金。

孔子的学生子贡，在外出旅行的时候，看到有鲁国人在他国做奴仆，便自己掏钱把他赎出来了。子贡回国之后，却没有去官府报销和领取奖金。

孔子知道这件事情之后，批评了子贡。孔子说：“你错了。你去官府报销和领取奖金，并不损害你的品行；而你拒绝到官府报销和领取奖金，则鲁国人以后再不会有人去赎人了。”

按照一般人的看法，子贡自己掏钱赎人而不去官府报销和领取奖金，这是为人仗义、品德高尚的表现。既然如此，他为什么会受到孔子的批评？让人不解。

原来，子贡之所以受到孔子的批评，是因为在孔子看来，子贡的做法是“为小道而弃大道”。这样做的结果是，以后他人在别国看到鲁国人沦为奴隶，就要犹豫是否垫钱把他赎出来：如果自己垫钱把他赎出来再去官府报销领奖，人们就会说自己不仗义、不高尚；而不去官府报销，自己的付出谁来回报？于是，多一事不如少一事，他便会假装没看见。

明代思想家袁了凡认为，孔子对子贡的批评，“乃知人之为善，不论现行，而论流弊；不论一时，而论久远；不论一身，而论天下。现行虽善，而其流足以害人，则似善而实非也”。

在袁了凡看来，孔子的确不愧为一代圣贤。他看事情，不看眼前，而看长远；不看一时，而看一世；不看一身，而看天下。能够透过看似高尚的表象看到深远的负面影响。

应该说，子贡的做法就个人来讲，无疑是正确的，体现了他的仗义、他的高尚。但是，对国家来讲，则是不正确的，因为他从客观上破坏了国家的法律。他个人的“小道理”损害了国家的“大道理”。

这个故事对于当今的领导干部来说，依然有着一定的启迪意义。这种意义是：看问题不能局限于一时一事，必须考虑它对未来会产生什么样的影响；看问题不能局限于一城一地，必须考虑它对全局会产生什么样的结果。不要因为个人的、地方的、部门的“小道理”而破坏国家的“大道理”，“小道理”一定要服从“大道理”。

之所以要强调“小道理”一定要服从“大道理”，是期望领导干部能从国家和人民的根本利益着眼来观察和处理问题，面对利弊作出正确选择。

3. 谋事之基、成事之道

谋事是为了做事，做事是为了成事。谋事有一项基础性的工作，成事有一个重要的方法，那就是调查研究。

重视调查研究是党的优良传统和工作作风，也是党解决实际问题的一条重要经验。

毛泽东早在 1930 年 5 月就指出："没有调查，没有发言权。""你对于某个问题没有调查，就停止你对于某个问题的发言权。"①

习近平总书记强调指出："调查研究是谋事之基、成事之道。没有调查，就没有发言权，更没有决策权。"②

智慧领导是要能解决实际问题的，而解决实际问题离不开调查研究。调查研究是解决实际问题的前提条件。正如毛泽东所讲："调查就像'十月怀胎'，解决问题就像'一朝分娩'。调查就是解决问题。"③

有的领导干部遇到困难和问题，常常为解决不了而唉声叹气、郁闷难耐，实际上是忽视了调查研究这个重要的工作方法。

---

① 《毛泽东选集》第 1 卷，人民出版社 1991 年版，第 109 页。
② 《习近平在武汉召开部分省市负责人座谈会时强调 加强对改革重大问题调查研究 提高全面深化改革决策科学性》，《人民日报》2013 年 7 月 25 日。
③ 《毛泽东选集》第 1 卷，人民出版社 1991 年版，第 110—111 页。

毛泽东说："你对于那个问题不能解决吗？那末，你就去调查那个问题的现状和它的历史吧！你完完全全调查明白了，你对那个问题就有解决的办法了。一切结论产生于调查情况的末尾，而不是在它的先头。只有蠢人，才是他一个人，或者邀集一堆人，不作调查，而只是冥思苦索地'想办法'，'打主意'。须知这是一定不能想出什么好办法，打出什么好主意的。换一句话说，他一定要产生错办法和错主意。"[①]

这是毛泽东自身经验的总结。他通过寻乌调查，弄清了富农和地主的问题，提出了解决富农问题的方法；他通过兴国调查，弄清了贫农与雇农的问题，并对贫农团在分配土地过程中的重要性有了认识。

调查研究是领导干部的谋事之基、成事之道，也是智慧领导之根。如果实际情况都搞不清楚，怎么能正确谋事、有效成事、智慧领导？

实际虽然客观存在，但并非所有的人都能正确地认识它。领导干部只有通过调查研究，才能达到正确认识它的目的。

领导干部要解决实际问题，不能坐在办公室里喝茶、饮咖啡想办法；不能躺在床上、安乐椅上苦思冥想找主意，而是要走到田间地头，奔向工厂车间，到基层群众中间去。

调查研究不是为了调查而调查，不是为了研究而研究。调查

① 《毛泽东选集》第1卷，人民出版社1991年版，第110页。

研究的目的，是把事情的真相和全貌调查清楚，把问题的本质和规律把握准确，把解决问题的思路和对策研究透彻。

“耳闻之不如目见之，目见之不如足践之。”各种问题的解决都取决于正确的决策，而正确的决策来源于对客观实际情况的调查研究。

调查研究是需要正确的方式方法的，否则，也是盲人骑瞎马，夜半临深池。空跑了路，浪费了人力物力，最后却收效甚微，甚至没有收效。更可怕的是，还可能因为调查得不认真、研究得不深入，偏听偏信，以偏概全，得出错误的结论，做出错误的决策。

第一，用科学思想指导调查研究。有效调查研究的前提，是必须有科学的指导思想，这种科学的指导思想就是马克思主义。领导干部调查研究，一定要站在马克思主义的立场上，即无产阶级和广大人民群众的立场上，坚持用马克思主义的观点来认识问题、分析问题和解决问题，并坚持一切从实际出发，具体问题具体分析，实事求是。1941 年 3 月，毛泽东就提出，“用马克思主义的基本观点，即阶级分析的方法，作几次周密的调查，乃是了解情况的最基本的方法”[①]。

只有把思想方法搞对头，才能有效地指导调查研究。

第二，调查研究要有实事求是的态度。只有实事求是，才能“不唯上、不唯书、只唯实”。这就要求领导干部在调查研究工作

① 《毛泽东选集》第 3 卷，人民出版社 1991 年版，第 789 页。

中，要以客观事实为依据，并大量地占有材料，认真地核实材料，要找出事物的内部联系和外部联系，全面地、本质地看问题。否则，虽然调查了，但由于调查得不深入、不细致，依然会得出与实际情况不相符合的调研结果。

第三，深入群众，深入基层。调查研究必须深入群众，深入基层，到群众中去倾听基层干部群众的所想所急所盼，脚踏实地地去了解和掌握真实情况，千万不能走马观花、蜻蜓点水似的去调查研究，更不能只看到一点表面现象、一个细枝末节，就以偏概全，指手画脚。这是调查研究之大忌。

深入群众，深入基层，不仅要“身到”，更要“心到”。“身到”而“心不到”，是形式上的调查研究，而不是实际上的调查研究。形式上的调查研究是根本了解不到真实情况的。

“涉浅滩者得鱼虾，入深水者得蛟龙。”领导干部在调查研究中，只有放下架子、扑下身子，接地气、通下情，“身入心至”，才能获得有益的东西；只有跟群众做朋友，才能听到群众的真话。

关于怎样让群众说真话，毛泽东在 1941 年谈了自己的经验。

“怎样使对方说真话？各个人特点不同，因此，要采取的方法也各不相同。但是，主要的一点是要和群众做朋友，而不是去做侦探，使人家讨厌。群众不讲真话，是因为他们不知道你的来意究竟是否于他们有利。要在谈话过程中和做朋友的过程中，给他们一些时间摸索你的心，逐渐地让他们能够了解你的真意，把你当作好朋友看，然后才能调查出真情况来。群众不讲真话，不怪群众，只怪自己。

“我在兴国调查中，请了几个农民来谈话。开始时，他们很疑惧，不知我究竟要把他们怎么样。所以，第一天只是谈点家常事，他们脸上没有一点笑容，也不多讲。后来，请他们吃了饭，晚上又给他们宽大温暖的被子睡觉，这样使他们开始了解我的真意，慢慢有点笑容，说得也较多。到后来，我们简直毫无拘束，大家热烈地讨论，无话不谈，亲切得像自家人一样。”①

毛泽东的话归结到一点，就是调查研究要能听到真话，察到实情，就必须放下架子、扑下身子，跟群众做朋友。

陈云是全党公认的善于调查研究的典范人物。他认为：“领导机关制定政策，要用百分之九十以上的时间作调查研究工作，最后讨论作决定用不到百分之十的时间就够了。”②对调查研究，他曾经提出了著名的“不唯上、不唯书、只唯实，交换、比较、反复”15 字诀，陈云还对这 15 字诀作了解释。③

“不唯上，并不是上面的话不要听。不唯书，也不是说文件、书都不要读。只唯实，就是只有从实际出发，实事求是地研究处理问题，这是最靠得住的。交换，就是互相交换意见。比方说看这个茶杯，你看这边有把没有花，他看那边有花没有把，两人各看到一面，都是片面的，如果互相交换一下意见，那末，对茶杯

① 《毛泽东文集》第 2 卷，人民出版社 1993 年版，第 383—384 页。
② 《陈云文选》第 3 卷，人民出版社 1995 年版，第 189 页。
③ 《陈云文选》第 3 卷，人民出版社 1995 年版，第 371—372 页。

这个事物我们就会得到一个全面的符合实际的了解……比较，就是上下、左右进行比较。……所有正确的结论，都是经过比较的。”①

反复，这里所说的反复，不是反复无常、朝令夕改的意思，而是决定问题不要太匆忙，要留一个反复考虑的时间。

这 15 个字，“不唯上、不唯书、只唯实”是唯物论；“交换、比较、反复”是辩证法，合起来就是唯物辩证法。

4. 以入世的态度做事

“以出世的态度做人，以入世的态度做事”，据说这句话是朱光潜先生说的。但这句话出自朱光潜先生哪篇文章、哪本著作，恕我孤陋寡闻，我还真不知道。虽然我翻阅了朱光潜先生许多著作，但也没有查阅到。不过，这并不影响我对这句话的喜欢。我觉得这句话充满着为人处世的大智慧。

世，凡尘俗世。出世，是把世事看淡，不与世俗同流合污，以一种超脱现实的高境界在世间生活；入世，是投身于社会，有担当作为，为社会多作贡献。

苏轼在《吉祥寺僧求阁名》中写道：“过眼荣枯电与风，久长

① 《陈云文选》第 3 卷，人民出版社 1995 年版，第 371 —372 页。

那得似花红。”全真道祖师丘处机在《磻溪集》中有诗言：“百年大小荣枯事，过眼浑如一梦中。”这都是出世的态度，大小荣枯事，都是电，都是风，都是在一场大梦中。真是把世事看淡，豁达潇洒、宠辱不惊。

以出世的态度做人，就是做人要淡泊名利，对名利保持一颗平常心；以入世的态度做事，就是做事要积极主动，甘于奉献社会，攻坚克难。党的优秀干部郑培民就是这样的人。

“对待身外之物，要铁石心肠。”这句话是郑培民所言。郑培民说得清楚，做得更明白。郑培民上大学时，就养成了写日记的习惯。走上领导岗位后，他把这个一日三省其身的习惯细分为备忘录、工作笔记和日记。下面是他日记中的两段话。

这次回湘潭度春节，我谢绝了办公室派车送我的盛情，同时谢绝了办公室要为我报销路费的好意。坚持自费返家，往返火车票近 80 元，自己掏腰包。有人讲我太板，我想，宁肯自己吃亏，对自己严格要求，是一个共产党员，特别是领导干部应当自觉做到的。

在吉首给两个孩子分别定做了一件羽绒上衣，这是我给孩子们买东西中最大的一次，计 247.61 元。不占企业的一点便宜。

郑培民做人淡泊名利，做事积极奉献，奋不顾身。1998 年 7 月 24 日，常德市安乡县因受长江和澧水、沅水三大水系夹击，安造垸溃垸。这个垸子里，有县城和 5 个乡镇、一个农场，共 18 万人，其中 3/4 的人口和财产，集中在安乡县城。

正当人们惶惶不安，没有主心骨的时候，时任省委副书记的郑培民来了。这一来，就住了 66 天。这 66 天，他平均一天只睡两个多小时的觉，哪里有危险，他就冲到哪里，有时甚至还要冲上去搬麻袋抢险。他在日记中写道："我不下地狱，谁下地狱！"他身患高血压、心脏病和糖尿病，有时候，低压已经升到 105，却天天要在夜里两三点钟到大堤上查管涌。66 天下来，他体重减了 10 多公斤。他的 55 岁生日是坐在堤上，吃着盒饭，静静地度过的。抗洪胜利，他回到家里对妻子说了实话："这次抗洪，是对我生命极限的挑战！"

2003 年，郑培民被评为"感动中国 2002 年度人物"。

领导干部应该向郑培民学习，以出世的态度做人，以入世的态度做事。

智慧领导勇于担当，善于作为，权为民所用、情为民所系、利为民所谋，为人民群众排忧解难，即使工作中遭遇挫折困境，也不气馁，不退缩，而以大无畏的勇气去努力克服。哪怕这些任务异常艰巨困难，也能迎着困难上，不苟活、不避事。

六、做事智慧

——做人做官的价值体现

领导干部的一生有三件事最为重要，一是做人，二是做事，三是做官。做人是做事、做官的前提条件，做事是做人、做官的价值体现。做人需要修身，做官需要境界，做事需要智慧。

同样一件复杂棘手的事情，有的领导干部处理起来得心应手，有的领导干部则是“老虎吃天，无从下口”；有的领导干部做事能做到点子上，事半功倍，有的领导干部做事则是事倍功半，甚至费力没结果。

做事，除了谋事之外，还有对所谋之事的落实与执行。一分部署，九分落实，关键在于落实执行。没有落实执行，所谋之事就是纸上谈兵。所以，领导干部不仅要有谋事的智慧，还要有对所谋之事的落实与执行的智慧。

事实上，领导干部每天面对的事情可能千头万绪，但抽象出来，决策确定之后，领导干部每天要做的也就是两件事，一是抓落实执行，二是落实执行。

抓落实执行，强调的是领导、指导、激励和监督他人去做；落实执行，强调的是亲自去做。不管是领导、指导、激励和监督他人去做，还是亲自去做，都需要智慧。

领导干部有了做事的智慧，就能抓落实执行有实招，招招见效；就能落实执行有实效，踏石留印，抓铁有痕。

1. 成功只给有缜密计划的人

《中庸》第二十章有这样一段话：“凡事豫则立，不豫则废。言前定则不跲，事前定则不困，行前定则不疚，道前定则不穷。”

这是说，做任何事情，事先有准备就会成功，事先没准备就会失败。说话先有准备，就不会说不下去；做事先有准备，就不会遭遇困境；行动先有准备，就不会出问题；对自己的未来早有规划，就不会使自己陷入穷途末路。

乔治·巴顿将军有一段逸事。有人请教巴顿将军：“你为什么能打胜仗？”他说是因为打仗前先有一个计划。那人又问他：“你为什么每次都能打胜仗？”他说因为我每次都有一个好的计划。人家就请教他还有什么秘诀，他就说“我有一个周密完善的计划”。

巴顿将军此言不虚。要想打胜仗，必须有周密完善的作战计划。领导干部做事也是如此，必须有周密完善的工作计划，事先作出预想性部署和安排，并见之于文字，以保证工作的顺利有序进行，并为将来的工作检查和总结提供重要的依据。

在现代社会化大生产的条件下，生产技术复杂、劳动分工细密，部门之间、生产环节之间的协作十分紧密。如果没有周密的计划，彼此之间就不能相互协调，团队中的各项活动也就不能有条不紊地进行。

因此，无论是单位，还是个人，做事，尤其是做大事，必须有周密而切实可行的计划。只有预先做好了安排，有了打算，才能合理地安排人力、物力、财力和时间，使工作、活动有条不紊地进行，高效率地把事情办好；否则，就会失败。领导干部为工作制订周密的计划，应该注意以下几个环节。

第一，深入调查研究。制订计划前，一定要进行周密的调查研究工作。没有调查研究，就没有制订计划的依据。

调查研究是制订计划的基础。制订工作计划不能关在屋子里闭门造车，想当然地制订。必须走出去，根据工作任务的要求，充分征求群众的意见，请群众献计献策，集中群众的智慧，这样制订出来的计划才能符合客观实际，也才能充分调动和发挥群众的积极性、主动性和创造性。否则，计划只能成为无用的装潢。

请看陈云在调查研究中是怎样充分征求群众意见的。

1961 年 6 月下旬到 7 月上旬，陈云回到他的家乡——上海市青浦县小蒸人民公社，进行了 15 天的农村调查。他每天上午在家里开座谈会，下午三四点钟到田间地头、养猪场和农民家里、集体食堂等地方进行考察。15 天的时间里，他听取了公社党委两次汇报，召开了 10 次专题座谈会。

向贤彪先生曾经写有《向陈云同志学习调查研究》一文。他在文章中写道："小蒸公社过去是养猪最多的地方，1958年公社化后，养猪却一年比一年减少。陈云在调查中发现，'公家养猪的地方脏得一塌糊涂，小猪、大猪、病猪、好猪都是格式化的饲养，吃一样的饲料。而农民家里养的猪，都是干干净净，还捉泥鳅喂猪吃'。后与农民交谈，进一步发现，上面强调公家养猪，有饲料跟不上、管理跟不上、保暖跟不上、劳力跟不上等弊端。陈云通过一看二听三算账，得出一个结论：要迅速恢复和发展养猪事业，必须多产猪苗；而要多产猪苗，就必须把母猪下放给家庭饲养。这一主张在实践中得以贯彻后，当地养猪业迅速恢复和发展起来。"①

从向贤彪先生的这段描述中，我们不难看出陈云是怎样深入细致地进行调查研究的，是怎样认真听取各方面意见的。也正因如此，他回京后写出了《母猪也应该下放给农民私养》的调研报告，为相关政策、计划的制定提供了依据。

第二，注意吃透"两头"。所谓吃透"两头"，就是要吃透上头和下头。吃透上头，是指要认真领会上级的指示精神，以使计划符合党和国家的路线、方针、政策、法律、法令、法规，符合上级的规定、决定、指示和计划；吃透下头，是指要全面了解本单位的主客观条件，长短利弊，天时、地利、人和，等等，以

① 向贤彪：《向陈云同志学习调查研究》，《中国纪检监察报》2015年6月26日。

使计划符合本单位的实际工作情况。

第三，目标高低适度。制订计划是为了达到某种预定目的，完成某项工作任务，实现某种计划指标。而目的的预定、任务的规定、指标的设置，都要既考虑它的先进性，又注意它的可行性。也就是说，要把开拓精神与务实精神结合起来。计划中所提出的目的、指标、任务，既尽力而为，又量力而行。这样，不仅能打开新局面，极大限度地调动群众的积极性、主动性和创造性，还会使计划建立在科学、实际的基础之上，为顺利实现计划作保障。而空中楼阁的目标是无法实现的。

第四，内容具体明确。任何一个单位的工作计划都是要付诸实施的，并通过实施计划达到决策的预期目的。而要实施计划，就必须使计划中的目的、任务、措施、办法、阶段、步骤，以及分工的职责、奖惩的规定等内容都十分具体明确，因为空泛的、模糊的计划会影响实行的效果。

《无谬管理》一书指出：“对一件方案，宁可延误其计划之时间以确保日后执行之成功，切勿在毫无适切的轮廓之前即草率开始执行，而终于导致错失该方案之目标。”

一般认为，用于计划的时间越长，完成工作所需要的时间就越短。这两个时间存在着极大的相关性和互补性。

2. 把握住根本才能抓好落实

领导干部抓落实，就是抓党和国家各项方针政策、工作部署和措施要求的落实，把它落到实处，使之成为广大党员、干部、群众的自觉行动，以确保党和国家确定的目标任务顺利实现。

抓落实是领导工作中一个极为重要的环节，是党的思想路线和群众路线的根本要求，也是衡量领导干部党性的一个重要标志。

人们常说，千招万招，不抓落实就是虚招；千条万条，不抓落实就是白条。这话直白地说出了抓落实的重要性。

第一，紧紧把握根本。领导干部抓落实，首先要紧紧把握住抓落实的根本。抓落实的根本，就是“把以人为本、执政为民贯穿到各项工作的落实中去，努力为群众办实事办好事，切实做到权为民所用、情为民所系、利为民所谋。把握住这一点，就把握住了抓落实的根本，就能把全部心思和精力用到抓落实上”[①]。

领导干部抓落实，必须紧紧把握住这一根本，紧盯这一着力点。这是解决为谁而抓、为什么而抓的问题。领导干部做好了这一点，就会把党和人民的托付看得比泰山还重；就会以锲而不舍的精神去抓好落实，就会以不忘初心、牢记使命的责任感去抓好落实。

---

① 习近平:《关键在于落实》,《求是》2011 年第 6 期。

第二，培养落实团队。“一个组织有没有落实能力，关键看有没有选对人。一个再完美的战略决策，也会毁在缺乏落实能力的人的手中。”这是有识之士的论断。

领导干部抓落实，必须培养一个高效落实的团队，解决落实的人才问题。

一是树立正确的用人导向。导向就是方向标。古人云：“用一贤人，则贤人毕至；用一小人，则小人齐趋。”领导干部抓落实，培养落实的团队，必须树立崇尚实干的正确用人导向。

让老实人不吃亏。要旗帜鲜明地选拔任用求真务实、埋头苦干、默默奉献、不事张扬、兢兢业业为党和人民工作的干部；坚决不用那些好大喜功、虚报浮夸、投机取巧、坐而论道、作风漂浮、搞花架子的人。

让敢担当的人有位子。要旗帜鲜明地使用那些为了事业的发展勇于负责、敢担风险、不计个人得失的干部；坚决不用那些遇事推诿、斤斤计较个人得失的人。

只有树立了这样的用人导向，才能调动广大群众落实的积极性，并在本单位、全社会中形成崇尚实干的氛围。

二是了解落实型人才的特征。一般来说，落实型人才有以下几大特征。

（1）具有较高的政治理论水平。一个人具有较高的政治理论水平，才能运用已有的政策、社会、行政管理等方面的知识及其实践技能去理解中央的政令、上级政府的决策和本地区、本部门

（单位）的工作要求。否则，理解错误，把握失当，或者断章取义，就会南辕北辙，最终导致落实执行的失败。

（2）具有高尚的道德品质修养。道德品质修养是落实主体有效落实中央政令、上级决策和本地区、本部门（单位）工作任务的思想基础和根本。优秀的落实型人才应该具有这样的道德品质：服从的观念、忠诚的精神、负责的态度、诚信的品质。

（3）具有有效完成工作任务的能力。优秀的落实型人才还需要具有有效完成工作任务的能力。如果没有这一能力，存在能力恐慌，即使是想落实，也是无能为力的。

三是有效识别落实型人才。有效地识人，并不是一件容易的事情，就连智慧的化身诸葛亮都感叹："夫知人之性，莫难察焉。美恶既殊，情貌不一，有温良而为诈者，有外恭而内欺者，有外勇而内怯者，有尽力而不忠者。"①

在诸葛亮看来，要了解一个人的品行，没有比这再难的了。善的东西和恶的东西相差悬殊，一个人内心的真实想法和外在表现也经常不一致。有的人外表温良忠厚，内心却虚伪奸诈；有的人外表恭恭敬敬，内心却满怀险恶；有的人外表威武勇猛，内心却胆怯懦弱；有的人办事看起来尽心尽力，但实际上心怀叵测。

正因为"知人之难"，所以三国时期的人才学家刘邵在《人物志》里把"知人"归为最为难得的才能，并提出"知人者智"

① 《诸葛亮集·将苑·知人性》，中华书局 1960 年版，第 78 页。

的论断，即知人是最大的聪明。

第三，培育落实文化。文化具有凝聚人心、激发潜能的作用。所谓落实文化，是基于落实力的文化，是能有效地推动促进把决策意图变成决策结果的文化。领导干部培育落实文化，需要聚焦以下四个方面的内容。

一是以共同理想作为培育落实文化的方向目标。所谓共同理想，是指作为全社会共同意识的理想。它是全社会人民奋斗的目标。

培育落实文化，以共同理想作为方向目标逻辑，有益于保持落实文化方向上的正确性。

落实文化对团队成员的观念、习惯等具有导向性。这种导向会直接影响落实者的落实思维、落实态度、落实行为和落实结果。

新时代，全国各族人民的共同理想，是全面建设社会主义现代化国家、全面推进中华民族伟大复兴。

这一共同理想，是党的意志。用这一共同理想作为培育落实文化的目标逻辑，会使落实文化与党的意志和国家的发展目标相契合，并体现出党的意志和国家发展目标的要求。而这种落实文化将极大地激励广大干部群众积极主动、自觉自愿地落实党的理论、路线、方针、政策。

二是以党的核心价值作为培育落实文化的灵魂旗帜。党的核心价值是坚持立党为公、执政为民，实现好、维护好、发展好最广大人民根本利益。

把党的核心价值作为培育落实文化的灵魂旗帜，会使落实文化具有灵魂的内核。落实文化有了这种灵魂的内核，被其熏陶的团队成员在落实党的理论、路线、方针、政策时也就有了精神动力和大局意识。

三是以责任理念作为培育落实文化的主体架构。培育落实文化，其基本的主体框架就是责任理念。

把责任理念作为培育落实文化的基本主体框架，是强调责任担当在落实文化中的四梁八柱作用。

落实文化如果充溢着责任担当的内涵精神，会使身处其中的团队成员受到潜移默化的影响，从而信奉并践行责任理念，而这种责任理念是落实的关键所在。

四是以诚信思想作为培育落实文化的牢固基石。诚信，是中华民族的传统美德，也是社会主义核心价值观的一项重要内容。自古以来，诚信就被人们视为“为政之本”“做人之道”“经商之基”。对于落实文化来讲，诚信是其牢固的基石。

以诚信思想作为培育落实文化的牢固基石，能有效避免在落实党的理论、路线、方针、政策上出现“上有政策，下有对策”、承诺不兑现等落实不力的问题。

第四，完善落实制度。有一则“分粥”的小故事，常被人们所提及。

有七个人组成了一个小团体共同生活，每天共喝一桶粥。因为人多粥少，每当吃饭时，大家就蜂拥而上，粥桶经常被挤翻。

为了解决这个问题，他们采用了许多办法来分配这一桶粥。

方法一：抓阄决定哪一个人负责分粥。结果，这个人总为自己多分。换了一个人，也是如此。

方法二：每人轮流一天分粥。结果，每个人一周中只有一天吃得饱，其余六天都得挨饿。

方法三：大家选举一个信得过的人主持分粥。开始这位品德尚属上乘的人还能基本公平，但不久他就开始为自己和溜须拍马的人多分。

方法四：选举一个分粥委员会和一个监督委员会，形成监督和制约。这个办法使得公平基本上做到了，可是由于监督委员会常提出各种议案，分粥委员会又据理力争，等分粥完毕时，粥早就凉了。

方法五：每个人轮流值日分粥，但是分粥的那个人要最后一个领粥。

令人惊奇的是，在方法五这个制度下，七只碗里的粥每次都一样多，就像使用科学仪器量过一样。因为每个主持分粥的人都知道，如果七只碗里的粥分配得不均衡，他确定无疑将享有最少的那份。

这个故事说明，制度至关重要。制度，是一个组织或团体中要求成员共同遵守的办事规程或行动准则。正如邓小平所指出的，“制度好可以使坏人无法任意横行，制度不好可以使好人无法充分做好事，甚至会走向反面”[①]。

总之，领导干部抓落实的路径与方法是多种多样的，但有一个重要的路径与方法不容忽视，即要率先垂范。富兰克林说：“一个良好的示范，才是最佳的训词。”

3. 提高执行力以保证工作落实

领导干部做事，不仅要抓好落实执行，还需要提高自身的执行力，来保证工作落实。

对“执行力”这一概念，有着许多不同的解释。从落实的角度来讲，所谓执行力，就是组织成员在落实上级决策、完成工作任务、执行规章制度时，在主客观条件影响下，实际付出的能力。

由此定义而言，执行力不等于执行能力，执行力 = 执行能力 × 实现系数。而实现系数的大小取决于执行者的工作作风、道德品质、工作态度等状态如何。比如，一个人有能挑 100 斤的能力，但由于工作态度不好，只挑 50 斤，所以，他实际付出的能力是 50 斤，而不是 100 斤。也就是说，他的执行力是 50 斤。

执行力是落实的关键。如果没有执行力，任何正确的方针政策，任何周密的工作计划，任何严格的规章制度，任何有益的工

① 《邓小平文选》第 2 卷，人民出版社 1994 年版，第 333 页。

作任务，就不能得到有效落实，都只能是纸上谈兵。

正确的决策，需要有效的执行。领导决策，就是通过执行而获得决策效果的。

那么，面对上级的决策，领导干部如何才能有效执行呢？关键要记住六个字：真知、笃行、求效。

第一，准确理解是执行的基础。执行，首先要正确地理解上级的决策。执行者在吃透精神、系统把握的基础上，坚决而忠实地予以执行。否则，理解错误，或者断章取义，就会南辕北辙。南辕北辙，即使执行者再卖力气，再下功夫，也是一个失败的结果。

清朝雍正年间，有一位名叫童华的人，从浙江被调到苏州当知府。当时，皇帝下诏书，要清查自康熙五十一年（1712 年）以来江苏地区拖欠的 1200 余万两的税款问题。

江苏巡抚接到圣旨，认为应该严加追缴。于是，他就要求欠税的人几天内把税款缴清，否则就予以逮捕，结果抓了 1000 多人。

童华请求宽限一些时日。巡抚大怒，斥责他说："你敢违抗圣旨吗？"童华说："我不是违抗圣旨，而是遵循执行圣旨。皇上知道有多年的欠税问题，他没有下令严加追查，而是下令清查。清查就是想弄清来历，查明原因。拖欠税款的原因是在官府，还是在民间呢？是应该征收的，还是应该减免的？搞清楚之后，奏请圣上裁决，这是圣旨的本意。现在如果我们不弄清楚圣上的本意，就要求老百姓将拖欠15年的税款马上缴清，这是横征暴敛，不是清查。现在请您宽限我三个月，我将情况搞清楚，登记造册，逐级上奏圣上。”

巡抚答应了他的请求，释放了1000多人，并将江苏欠税的情况登记造册上奏朝廷。

当时，朝廷也听说江苏巡抚严查的事情。皇上很生气，下令要严加处理。后来听说巡抚改正了原来的做法，才赦免了他。圣旨的本意果然像童华所说的那样。

显而易见，在如何落实执行圣旨的问题上，巡抚与知府出现严重的分歧，其原因就在于对皇上的旨意有着不同的理解。

巡抚认为“清查”，就是要严加追究；知府认为“清查”，是弄清来历，查明原因。

按照巡抚的理解，必定会造成横征暴敛、民怨沸腾、政局不稳的严重后果。幸亏童华说服了巡抚，让他纠正了落实执行中的错误行为。

第二，执行时只能有一种声音。决策时，可以有多种声音，大家集思广益；但在执行时，只能有一种声音：坚决服从，令行禁止。服从，就是执行者在执行的过程中，不问为什么要我做，只想怎么做，怎么把它做好。

作为执行者，其服从就是要服从上级，服从组织，服从制度，自觉地接受上级的管理，接受上级的领导。因此，领导干部要确立“科学决策确定之后，执行高于一切”的理念。

在一次企业管理的沙龙上，主持人做了这样一个小测验。

主持人要求参与人员在 20 分钟内将一份紧急材料送给羊城晚报社的社长，并请他在回条上签字。主持人特别申明：不得拆看信中的材料。

在这次测验中，有一名参与者大胆地打开了资料袋，发现是个空信封。当他发现是个空信封后，便提出了许多批评意见。

主持人问各位受邀嘉宾："作为一名执行者，你认为他这样做对吗？"

受邀的嘉宾都是企业的老总。他们的答案惊人地相似。他们认为："打开信封是不对的，绝对不能看。"

这是因为在企业里，一名执行人员可以在执行任务之前尽量了解事实的背景，但一旦接受任务后就必须坚决地执行。"领导层的命令，有的可以与执行者沟通，讲清理由；有的不行，有一定的机密性，这时执行者就需要做而不需要知道。"①

第三，先做，做好，再做完美。服从，不是口头上的服从，而是要雷厉风行地去执行上级的决策。《孙子兵法》中有一个重要的原则，就是"兵贵神速"。执行上级的决策，要先做，再做好，再做完美。

清朝人彭端淑著有《为学》一文，文章中讲的故事会让我们受到启迪。

① 西武编著：《做事做到位——杰出员工最基本的行事准则》，中国民航出版社 2004 年版，第 130 页。

四川边境有两个和尚，一个贫穷，一个富有。一天，穷和尚对富和尚说："我想去南海，你看怎么样？"

富和尚说："你靠什么去呢？"穷和尚说："我靠着一个水瓶和一个饭钵就足够了。"富和尚说："我几年来都想买船南下，还没有能够去成。你靠什么去?！"到了第二年，穷和尚从南海回来了，把游历的过程告诉了富和尚，富和尚显出了惭愧的神色。

四川距离南海有几千里路之遥，富和尚没有去，但是，穷和尚却到达了那里。看来，问题不在能不能去，而在是否真正行动。

常言道："路虽近，不行不至；事虽小，不做不成。"上级作出正确的决策之后，执行者就要把握"速度制胜"的原则，立即行动。

当然，行动不是盲目的行动，而应该是以目标为导向的行动。因此，执行者在执行时，一定要有结果思维。执行的关键不是做事，而是要把事情做成。

第四，用细节保证执行的结果。执行上级的决策必须认真，一步一个脚印地做事，而不能耍小聪明，搞投机取巧。认真，就要关注细节。否则，一着不慎，满盘皆输。美国"哥伦比亚"号航天飞机的爆炸就是明证。

美国当地时间2003年2月1日，美国航天飞机"哥伦比亚"号完成了预定的任务，返回地面。就在即将着陆前，"哥伦比亚"号意外发生了爆炸，航天飞机上的七名宇航员全部遇难。全世界为之震惊。事后的调查结果显示，导致这一航天灾难的"凶手"，是一块脱落的隔热瓦。

由此可知，细节到位，才能真正执行到位。在20世纪，世界上有四位最伟大的建筑师。密斯·凡·德·罗就是其中的一位。有人曾经要他用一句最简练的话来描述自己成功的原因。他说："魔鬼在细节中。"

密斯·凡·德·罗认为，不管你的建筑设计方案如何恢宏大气，如果对细节的把握不到位，就不能称之为一件好作品。他说，细节的准确、生动可以成就一件伟大的作品，细节的疏忽则会毁坏一个宏伟的规划。

现在，全美国最好的剧院有许多出自他之手。他在设计每个剧院时，都要精确测算每个座位与音响、舞台之间的距离，以及因为距离差异而导致的不同听觉、视觉感受，计算出哪些座位可以获得欣赏歌剧的最佳音响效果，哪些座位最适合欣赏交响乐，不同位置的座位需要做哪些调整方可达到欣赏芭蕾舞的最佳视觉效果。不仅如此，他还一个座位一个座位地亲自测试和敲打，根据每个座位的位置测定其合适的摆放方向、大小、倾斜度、螺丝钉的位置，等等。

密斯·凡·德·罗为什么能成为一个伟大的建筑师？这就是答案。

由此可见，成功离不开细节的积淀。细节虽"细"，但集腋成裘，积土成山。"细"中见精神，"细"中见功力，细节蕴藏着机会，细节保证着执行到位。

当然，在贯彻落实中央和上级的工作部署中，如发现有一些细节上的要求与客观实际不相符，按其抓落实会对人民群众的切身利益有损害时，亦可及时向中央和上级请求指示，此后按中央和上级的批复或指示抓落实。

4. 用简单方法处理复杂问题

在新的历史时期，由于我国发展进入战略机遇和风险挑战并存、不确定难预料因素增多的时期，各种复杂问题蜂拥而至。面对纷至沓来的复杂问题，领导干部必须善于妥善处理，才能实施有效的领导，完成历史使命，实现领导目标。

第一，正确认识复杂问题。处理复杂问题，首先要正确认识复杂问题。在正确认识的基础上，寻求有效的路径来解决复杂问题。

复杂问题并不都是难以解决的。有的人在遇到复杂问题的时候，总是习惯于将它想得很难解决。这会给自身增加心理暗示，从而影响我们解决问题的信心。简单问题复杂化，容易让解决问题者忽略最容易、最简单的解决问题之道。

第二，抓住复杂问题的本质。什么是“本质”？《现代汉语词典》解释说：“指事物本身所固有的，决定事物性质、面貌和发展的根本属性。”

要解决复杂问题，不仅要正确认识复杂问题，还要抓住复杂问题的本质。

牵牛要牵牛鼻子。因为牛怕鼻子痛，牵牛牵了牛鼻子，再犟的牛也会因为疼痛而乖乖地跟着牵它的人走。领导干部解决复杂问题，要学会使用“牵牛鼻子”的方法，也就是要抓住主要矛盾或矛盾的主要方面。

马克思主义哲学认为，在复杂事物自身包含的多种矛盾中，每种矛盾所处的地位、对事物发展所起的作用是不同的，总有主要次要之分，其中处于支配地位对事物发展起决定作用的矛盾，就叫作主要矛盾，其他矛盾则是次要矛盾。

任何复杂问题都有其本质特征、内在规律，抓住了复杂问题的本质，按照客观规律办事，复杂的问题就会迎刃而解。

第三，复杂问题有简单方法。有人说过：“复杂的问题，用复杂的解决办法是行不通的；问题愈复杂，解决办法愈是要简单。”这就是说，要学会复杂问题用简单的方法来解决。

一是学会简单思维。简单思维不是幼稚的、不动脑子的思维，而是指以“简单”为核心的思维方式。它反映的是一种思维的深度和高度。这种思维能够使人从简单的角度把复杂的事情看清楚。“治大国若烹小鲜”，就是一种简单思维。

二是把握客观规律。复杂的问题用简单的方法解决，还必须善于把握客观规律。由事物的客观规律入手，是解决复杂问题的便捷之道。

任何事物都不是孤立地、静止地、零散地存在的，它们之间有着内在的必然的联系。这种联系不断重复出现，就是所谓的规律性。譬如，时有春夏秋冬，月有阴晴圆缺。把握了客观规律，也就等于把握了问题的本质。

三是进行深入思考。没有简单，就没有复杂。复杂的事情实质上是由简单的事情组成的。因此，面对复杂的问题，要进行深入的思考，看看它由哪些简单的要素所构成，然后各个击破。当一个个简单的要素被解决掉之后，复杂的问题也就解决了。

四是复杂问题简单化。“复杂”与“简单”是两个相对的哲学概念。认识这两个概念，应该具有辩证思维。复杂问题解决起来未必就困难，简单问题解决起来也不一定就容易。

因此，面对复杂问题，领导干部要学会从简单之处入手，不要自找复杂。要做的，应该是用什么样的方法去摆脱复杂。

生活中，内心复杂的人们总是习惯于用复杂的思维去思考问题。于是，遇到问题，人们总是习惯于把它想得很复杂、很难解。

事实上，有些问题，并不复杂；即使有的问题头绪繁多而杂乱，但在它复杂的表层下，也有着简单的本质。因此，领导干部要学会简单思考，直击问题的本质。

有这样一个故事：位于美国加州圣地亚哥市有一个名叫柯特的老牌大饭店。因为该饭店建筑的年代久远，当时安装的电梯空间狭小，已经无法适应越来越大的客流量。

于是，饭店的老板请来当地著名的建筑师和工程师一道讨论解决问题的方法。建筑师和工程师都一致认为，要加装一部新电梯，而加装新电梯饭店需要停业。老板不愿意停业影响生意。但建筑师和工程师坚持认为，除此之外，别无办法。

这时，一位正在做保洁的饭店清洁工插了一句话：“直接在屋子外面装上电梯不就行了吗？”

清洁工的话让建筑师、工程师和老板惊诧了：这的确是一个好方法。不久，一部新电梯加装在这家饭店的外墙上。这就是建筑史上的第一部室外观光电梯。

论学识，论技术，清洁工比不上建筑师、工程师，但有学识、有技术的建筑师、工程师为什么想不出好的办法来？原因就在于他们的常规思维、惯性思维和复杂思维。

有了这几种思维，他们自然就会认为，原先的电梯在楼内，新加装的电梯也应理所当然加在楼内。而加装电梯，需要破墙开洞；破墙开洞，必然不能营业。

清洁工没有这种思维定式，用简单的思维想出了不简单的办法。

第四，把复杂问题拆卸成“模块”。“模块化”是借用计算机行话。计算机系统无疑是复杂的，但无论多么复杂的计算机系统，都可以拆分为各自独立、简单的小系统。

复杂难题既然复杂，就不是一下子能够直接解决的，但我们可以把它“模块化”，也就是把复杂问题拆分成一个又一个小系统，即元问题，给每一个元问题找到直接的解决办法，复杂问题最终就会得以破解。

17 世纪法国著名哲学家笛卡儿认为，凡是在理性看来清楚明白的就是真的。复杂的事情看不明白，应当把它尽可能分成简单的部分，直到可以看清其真伪。

领导干部要破解复杂难题，可以用“模块化”的方法来拆解问题。比如要解决贫困村的贫困问题。贫困村之所以贫困肯定有多种原因，有主观原因、客观原因，有历史原因、现实原因。主观原因可能是思想僵化保守、不思进取，可能是村里原来的带头人在其位不谋其政；客观原因可能是交通不便，可能是土地瘠薄；历史原因可能是受不良的传统民风影响；现实原因可能是对现代发展无感，受教育条件所限；等等。

当这些问题一个一个被拆分出来之后，所对应的解决方法就有了。

七、用人智慧

——治国经邦的决定因素

“政治路线确定之后，干部就是决定的因素。”这是1938年毛泽东在党的扩大的六届六中全会上作出的重要论断。

邓小平讲：“我的抓法，就是抓头头，抓方针。”[①]“抓头头”就是用人。

曾担任中共中央组织部部长的陈云在延安抗日军政大学作的题为《论干部政策》的讲演中说：“干部政策，拿俗话来讲，就是用人之道。……而用人之道对于领导工作是非常重要的。有一句这样的话‘干部决定一切。’这是通用于全世界的，不但外国通用，中国也通用；不但共产党通用，其他政党也通用。”

2018年7月3日，习近平总书记在全国组织工作会议上的讲话中强调：“‘育才造士，为国之本。’贯彻新时代党的组织路线，建设忠诚干净担当的高素质干部队伍是关键，重点是要做好干部培育、选拔、管理、使用工作。”[②]

古往今来，知人善任都是政治家极为看重的。唐太宗李世民

① 《邓小平文选》第2卷，人民出版社1994年版，第70页。
② 习近平：《在全国组织工作会议上的讲话》，人民出版社2018年版，第16页。

说："为政之要，惟在得人，用非其才，必难致治。"清朝皇帝康熙云："政治之道，首重人才。"孙中山强调："治国经邦，人才为急。"

历史证明，事业的兴衰、政权的兴亡，与人才有着非常密切的关系。作为治国理政骨干的领导干部必须知人善任，具有用人的智慧。

1. 应对"小人"的三种策略

"亲贤臣，远小人，此先汉所以兴隆也；亲小人，远贤臣，此后汉所以倾颓也。"

这段话出自诸葛亮的《出师表》，人们耳熟能详。这里，诸葛亮引用历史事实来谆谆告诫蜀汉后主刘禅：亲近贤臣，疏远小人，这是前汉兴盛的原因；亲近小人，疏远贤臣，这是后汉衰败的根源。

小人，是人品有问题的人。这种人喜欢搬弄是非、挑拨离间、隔岸观火、落井下石、阳奉阴违、见利忘义、见风使舵，总而言之，一切形容人品低下的成语几乎都是小人的一顶合适的"帽子"。

小人如此不堪，远离才是正道。而有时候，明明知道他是小人，但因为其中或有某种利益，或有某种情感纠结，或有某种机制，无法远离，那就要用有效的策略来解决与小人相处的问题。

一般而言，面对小人，历来有下、中、上三种不同层次的策略。运用不同层次的策略，会获得不同的效果。

第一，下策，怒而驱除之。为什么说“怒而驱除之”是面对小人的下策？因为小人是很难驱除的。当你不惜一切代价要驱除小人的时候，小人就会不择手段地反噬你。

常言道：“惹得起君子，惹不起小人。”《韩非子》中记载了这样一个故事。

齐国有一个殿庭侍从官，叫夷射。有一天，他陪着齐王喝酒，喝得酩酊大醉，摇摇晃晃地走出宫来，倚靠在廊门边。

这时，一个受过刖刑的断足门卫向他请求说：“您能不能赏我喝一点剩下的酒？”夷射呵斥他说：“滚！一个受过刑的人，怎么敢向尊长讨酒喝！”断足门卫赶紧离开了他。

等到夷射离开廊门边，断足门卫就在廊门屋檐下洒了一些水，就好像撒了尿一样。

第二天，齐王出宫见此情形，怒呵道：“谁在这里撒尿？”

断足门卫回答说：“我没有看到谁在这里撒尿。不过，侍从官夷射在这里站过。”

随后，齐王杀了夷射。

夷射因为不尊重残疾的门卫遭到报复，丢了性命。但那个断足门卫也是一个十足的小人。他没有讨到酒，受到训斥，就要置人于死地。他知道自己的力量除不掉地位显赫的侍从官，但他知道栽赃陷害，知道借刀杀人，于是，洒些水，就足以让夷射丧命。

其实，这是小人的惯用伎俩，这种伎俩令人脊背发凉。

第二，中策，用其策而不用其人。小人也并非一无是处，有的小人还很聪明、很有能力。我们说“远小人”，是说要从心理上疏远小人，不提拔重用小人，他掌不了权，也就掀不起什么大浪。但对小人提出的正确意见、建议，则可以采纳。采纳了他的意见、建议，满足了小人的“利”，从而可以降低小人对你的伤害。

用其策而不用其人，是曾国藩的经验。曾国藩以爱才、惜才、敢于荐才而著称。一个人只要入了他的眼，有过人之处，就能得到他的举荐，这些经过他举荐的人几乎都能仕途通达、飞黄腾达。但也有一个走麦城的例外，这就是他大力举荐的周腾虎。

周腾虎，常州阳湖人，喜欢读书，且读书一目十行，博闻强记，雄于辩论，通晓古今史事，工诗文，先后辅佐林则徐、曾国藩，与左宗棠齐名。

林则徐在陕西做巡抚的时候，曾经把周腾虎招入幕府中。周腾虎入幕府后，林则徐对他很是高看，引为忘年交，只要他提出什么意见和建议，林则徐“未尝不释然忘其位”，让他跟自己平起平坐。

清咸丰五年（1855 年），曾国藩第一次见到周腾虎，二人短暂交谈后，曾国藩就对他一见倾倒，相见恨晚。周腾虎两次进入曾国藩的幕府工作，每次和曾国藩见面，二人总是有说不完的话。

周腾虎的能力很受曾国藩赏识，曾国藩便下大力气向朝廷推荐周腾虎。谁知周腾虎刚受到保奏，就遭到联名弹劾，直接被免了职。朝廷下发谕旨说周腾虎长于持论而心术不端，还说他颠倒是非、胆大妄为。朝廷谕旨勾画了周腾虎活脱脱的一副小人嘴脸。

周腾虎被免职后不久就抑郁愤恨而亡，李鸿章把这件事写信告诉了曾国藩。曾国藩在当天的日记里感叹道："老年一膺荐犊，遽被参劾，抑郁潦倒以死。悠悠毁誉，竟足杀人，良可怜伤。"

周腾虎为什么会受到弹劾？因为他虽然有才能，但品行上有问题。他利用职务之便，不到一年即赚了"数百万"。他成了暴发户之后，住的是豪华的房子，吃的是山珍海味，花钱如流水。他还在办公桌后面放置一个装满白银的大木柜，交代会计人员：朋友要钱用，可以随意拿，无须记账。歌舞宴会，更是"一日辄数十金"。

曾国藩后来吸取教训，对能力过人但名声差的人，坚持只用其策而不用其人。

第三，上策，用好的制度约束之。对小人，只用其策而不用其人，是一个不错的策略。但事实证明，凡是小人，素质低下，阴险狡猾，其所谋之策极少有益，所以用小人之策尤要慎重。这个策略的使用依赖于领导干部极高的辨别力，能分得清小人所提出的策略是出于私心还是出于公心，是投其所好之策还是有益于社会之策。如果分不清的话，就容易成为小人的代言人，成为小人谋划的棋子。因此，对小人，只用其策而不用其人，只能算中策，而上策是“用好的制度约束之”。

17 世纪至 18 世纪，英国运送犯人到澳大利亚，规定按上船时犯人的数量给付私营船主费用。因此，私营船主为了牟取暴利，便不顾犯人的死活，将犯人像沙丁鱼一样塞满船舱。由于犯人人数过多，使得船舱内的环境极为恶劣，许多犯人在中途便命丧黄泉。更为恶劣的是，有的私营船主有时刚一出海，就将犯人活活扔进海里。

针对这种现状，英国政府制定了一个新的制度规定。他们规定按照到达澳大利亚活着的犯人数量来支付费用。这样一来，私营船主绞尽脑汁、千方百计地让尽可能多的犯人活着到达目的地。

结果，后期运往澳大利亚的犯人的死亡率大幅降低，最低时只有 1%，而原来最高时，可高达 94%。

事实上，“小人”这个概念有点复杂。“小人”的反义词是“君子”。君子，是品行高尚的人。但事非绝对，因为人具有两面性，既有魔鬼的一面，也有天使的一面。领导干部要善于运用完善的制度来遏制小人魔鬼的一面，激活小人天使的一面。

《钱氏家训》有一句话，领导干部不妨记之：“小人固当远，断不可显为仇敌；君子固当亲，亦不可曲为附和。”小人固然应当疏远，但一定不能公然与之成为仇敌；君子固然应当亲近，也不能失去原则一味附和。

2. 善于把“庸人”用成能人

“庸人”，按照《现代汉语词典》上的解释，是指平庸没有作为的人。

庸人也有可用之处，关键在于量人而用之。

第一，把“庸人”用成能人，要用人所长。“用人如器，各取所长”，是智慧领导的人才观。司马光在《资治通鉴》中记载过这样一个故事。

唐太宗李世民让大臣封德彝推荐人才，但封德彝很久也没推荐一个。

李世民就此责问他。封德彝回答他说：“并不是我不尽心尽力，实在是当下没有才华卓著的人啊！”

李世民驳斥他说：“君子用人就好像使用器物一样，各取它的长处。古代治理国家达到大治的人，难道是向别的朝代去借人吗？管理者应该忧虑自己不能了解人，怎么可以冤枉委屈一代的人才？”

李世民是一个智慧领导，他用人不求全责备，而是“智者取其谋，愚者取其力，勇者取其威，怯者取其慎”。有智慧的人，就采用他的谋略；比较愚笨的人，就使用他的蛮力；勇敢的人，就使用他的威武；胆小的人，就使用他的谨慎。

领导干部用人所长，就要了解所用人的专长。所谓人才，也有其擅长的特定领域。假如把他放置在他不熟悉的领域，优势也就变成了劣势。正像清代诗人顾嗣协在《杂兴》诗中所写的：“骏马能历险，力田不如牛。坚车能载重，渡河不如舟。舍长以就短，智者难为谋。生材贵适用，慎勿多苛求。”

每个人都有长处和短处。人实质上是长与短的统一体。汉代王充在《论衡·书解篇》中云：“人有所优，固有所劣；人有所工，固有所拙。”这句话的意思是说，人有优点，必有缺点；人精于某种事务，必定在另外的事务上显得笨拙。所以用人应该择其长处来使用，而尽量避免其短处。择其优，舍其劣，用其工，避其拙。

第二，把“庸人”用成能人，要善用其短。扬长避短，是用人的基本方法。但是，事物都是辩证的。在不同的情景中，长与短是可以互相转化的。因此，领导干部在选才用人时，不仅要扬长避短，用人之长，还要“短中见长，善用其短”，也就是把短处或缺点当成优点来用。唐朝大臣韩滉便是如此。

一次，有位年轻人来向韩滉求职。此人脾气古怪，不善言谈，做事古板，不懂人情世故。

韩滉身边的人认为此人不可用。但韩滉认为，做事古板，不懂人情世故，是短处，也是长处。因为他做事一板一眼，铁面无私。于是，就让他去监管库房。

这位年轻人上任之后，果然铁面无私，成了一位称职的库房监管者。

每个人都有自己的价值。领导干部选才用人时，要因事设人，量才任职，善于根据岗位需求使用他的价值。就上述韩滉的故事而言，“做事古板，不懂人情世故”，从交际沟通的角度看，是短板，但从监管库房的角度看，则是长处。而韩滉根据监管库房的岗位需求发现了那位年轻人的价值，并加以使用，为库房选了一位称职的监管者。

假如韩滉让他去当公关部部长，工作肯定一塌糊涂。要知道，人才只有得到了与自己才能相适应的职位，才能充分发挥自己的聪明才智。

第三，把“庸人”用成能人，要善辨长短。扬长避短也好，善用其短也罢，前提是领导干部要能善辨长短，看到长处与短处的相对性。司马光在《资治通鉴》中曾经记载了这样一个故事。

孔子的孙子子思，在卫国做事。有一次，他向卫侯举荐一个叫苟变的将领，说：“苟变是一位能攻善战的将才，可以统兵五百乘，应该重用他。”

卫侯听了子思的话，摇摇头说：“我知道苟变是位将才，但是他在做税官收税时，白吃了人家的两个鸡蛋，所以，我一直没有用他。”

听了卫侯的这番话，子思感慨地说：“好的领导使用人才就好像木匠选择木料一样，取其长处，弃其短处。好的木材即使有几尺长的朽坏之处，优秀的木匠也不会因此而轻易放弃它。现在正处于战乱的世道，国家急需人才，但是您却因为两个鸡蛋那样的小事而弃勇猛将才，这种事千万别传出去叫邻国知道。传出去会叫邻国笑话的。”听此一言，卫侯表示感谢，并接受了子思的教诲。

事实上，不同环境下有着不同的用人标准，一个人的长处与短处也是相对而言的。就苟变而言，长处是能攻善战，短处是在做税官收税时，白吃了人家的两个鸡蛋。要是按照现实的用人制度机制，苟变贪小便宜，不廉洁，不能提拔重用。但战乱的世道，国家急需勇猛将才，能攻善战就是他的长处了，贪小便宜则是其短处了。所以子思劝谏卫侯任用苟变，不能因为小错误而埋没一位将才。这是有一定道理的。

第四，把“庸人”用成能人，要避免“庸人用人”。

在人才选用上，有个奥格尔维定律：每个人都雇用比我们自己更强的人，我们就能成为巨人公司，如果你所雇用的人都比你差，那么他们就只能做出比你更差的事情来。

这个定律来源于一个故事。一天，美国奥格尔维·马瑟公司总裁奥格尔维主持召开董事会。

在会议的桌子上，每个与会的董事面前都摆放着一个相同的玩具娃娃。董事们很困惑。

这时，奥格尔维说：“大家打开看看吧，是不是你们自己！”

董事们纷纷打开面前的玩具娃娃。结果出现的是：大娃娃里有个中娃娃，中娃娃里有个小娃娃，小娃娃里面有个更小的娃娃。最后，他们看到了一张纸条。纸条上写的是："如果你经常雇用比你矮小的人，将来我们就会变成矮人国，变成一家侏儒公司。相反，如果你每次都雇用比你高大的人，日后我们必定成为一家巨人公司。"

董事们明白了。在以后的岁月里，他们都尽力任用有专长的人才。

奥格尔维定律，跟我们常说的"武大郎开店"有异曲同工之妙。

一群比餐桌还矮的店员正在桌椅板凳之间忙活着，仅比桌子高一点儿的武大郎，在掌柜的桌子上打着盹儿。就在这时，一个高个子来应聘，一个店员很神气地告诉应聘者："我们掌柜有个规定，比他高的都不用！"

这是中国著名漫画大师方成先生20世纪90年代创作的作品《武大郎开店》描述的情形。此后，人们就把那些心胸狭窄，容不得部属才能超过自己、嫉妒下属才能的某些领导称为"武大郎开店型领导"。

"武大郎开店型领导"，别说能把"庸人"用成能人，就是能人也会被用成"庸人"。

3. 学会用细节了解人的品行

领导干部用人，不仅需要了解这个人的能力，更需要了解这个人的品行。

宋代著名文学家苏轼也认为，人之难知，海洋不足比其深，山谷不足喻其险，浮云不足拟其变。

那么，如何“知人”呢？诸葛亮曾经提出过了解一个人的七种办法：一是提出是非不同的问题，来观察他的思想水平；二是用连续发问穷追到底，考察他的应变能力；三是请他出谋划策，考察他是否有见识；四是告诉他祸患和困难，考察他是否勇敢坚韧；五是用酒灌醉他，观察他的真实品性是否表里如一；六是用财物利诱他，考察他是否清正廉洁；七是就某件事情跟他相约，考察他是否守信用。

诸葛亮所提出的这七种办法，虽然有设圈套、“钓鱼”之嫌，但我认为，总体上来讲还是很靠谱的。

了解一个人的品行固然有各种各样的方法，但通过行为细节来了解，则不失为一种有效的方法。

行为细节是会说话的。就拿现在微信上逢年过节发红包、抢红包来说吧，从发红包和抢红包的行为细节中就能看出一个人的品行。

我在某个群里就看到过这样的情形：有个人从来只抢、不发，而且抢了红包连声“谢谢”都不说。2017 年元宵节时，群主发红包，手气好的接着又发，群里很热闹。但等这人手气好时，红包就停止发放。

这一行为细节说明什么？说明这个人不仅有点吝啬，还不懂礼貌。

当然，这里需要给领导干部提个醒：明显超出礼尚往来的微信红包别随便抢，尤其微信专包更要慎抢。同时也要告诫家人，要留心抢到红包的金额、次数及红包发放人，一旦有异常要拒收。

不要小看微信、微博。微信、微博也是了解一个人品行、价值取向的有效之所。

要是一个人加了你微信，却把自己的“朋友圈”对你隐藏了，那么这个人很显然交朋友没有诚意，而且对你有防范之心。要是一个人经常在微信圈里发让别人帮助投票的微信，而他却从来不帮助别人投票，此人大致是比较自我。要是一个人经常转发歌颂赞美某某人的文章，他大约是某某的粉丝。

可通过行为细节来了解一个人的品行，曾国藩把这种方法运用得炉火纯青。

据说，一天，李鸿章带了三个人来供曾国藩差遣。曾国藩有饭后缓行三千步的习惯，李鸿章带着人来的时候，曾国藩还没有散完步，李鸿章就让那三个人在一旁恭候。

曾国藩散完步，李鸿章请他接见那三个人，曾国藩却说不必了，李鸿章很惊讶。曾国藩说：“在散步时，那三个人的表现我都看过了。第一个人低着头不敢仰视，是一个忠厚的人，可以让他做保守的工作；第二个人喜欢弄虚作假，他在我面前很恭敬，等我一转身，他便左顾右盼，此人将来必定阳奉阴违，不可任用；

第三个双目注视，始终挺立不动，将来他的功名，不在你我之下，可以委以重任。”

后来，这三个人的仕途表现，果然不出曾国藩所料，而第三个人就是爱国名将刘铭传。

曾国藩著有《冰鉴》一书，这本书是曾国藩总结自身识人、用人心得而成的一部传世之作，有兴趣者可以找来一读。

总而言之，了解一个人的能力难，了解一个人的品行更难，但细节会说话，细节会告诉你，人品多在细节里。

4. 处理好德与才的关系很重要

“德才兼备”是中国共产党选拔任用干部的重要标准。按照这个标准选拔任用干部，能保证干部队伍的质量。但是，人们在具体选才用人的实践中却发现，每个人“德”与“才”的水平实际上是不平衡的。有的人品德比较好，但才能差一些；有的人才能强一些，但品德略逊一筹。真正德才兼备的人，为数不多。所以，鲁迅曾经很幽默地说：“倘要完全的人，天下配活的人也就很有限。”

既然如此，就要处理好德与才的关系，这也是智慧领导的重要内容。

第一，德才兼备，好中选优。选拔任用干部，必须坚持高标准，严要求，德才兼备，好中选优。

所谓德才兼备，就是品德好，能力强。所谓好中选优，就是在“好”中选拔出类拔萃者。这需要领导干部处理好“好”与“优”的辩证关系。

好中选优，“好”是前提条件。我们所要选拔任用的干部，必须是一个合乎干部选拔任用标准的好干部，那些存在着各种问题的人，决不能成为选拔任用的候选人。在“好”的前提下，选出优秀者才是根本。

干部选拔任用中的“好”是一个相对的概念，干部的德才素质，没有最好，只有更好。面对同样符合条件的好干部，领导干部需要认真比较、反复权衡作出选择。

第二，德才相比，德先才后。选才用人，才华固然重要，但品德更为关键。司马光认为：“才者，德之资也；德者，才之帅也。”才能是品德的辅助，道德是才能的统帅。道德常常能填补智慧的不足，而智慧永远填补不了道德的缺陷。道德品质是人才的成事之基、立业之本。因此，中国传统文化强调修身、齐家、治国、平天下。

司马光在编写《资治通鉴》时，根据晋国的大夫智瑶因为才干胜过德行，挟才为恶，导致晋国灭亡这一典型事例，提出了处理德才关系的原则。

智瑶，又称智伯，是中国春秋时期晋国的卿大夫、智氏家族的领主。

春秋晚期，晋国主要被韩、魏、赵、范、智、中行六大家族所控制，称为六卿。智宣子有多个儿子，但他最喜欢的儿子是智瑶。智宣子决定让智瑶作为自己的接班人，掌管智氏家族。同族的智果不同意，智果劝智宣子说："智瑶不如智宵。智瑶有五个方面的优点，但却有一个致命的弱点。智瑶胡须漂亮、身材高大，骑射驾车孔武有力，才艺兼备，能说会道，刚毅果敢。尽管有这五种优点，但他特别不仁义。如果他以五项长处来欺凌别人，行不仁义不道德之事，谁又能和他相处？如果你要是立智瑶为领主的话，智家必然会被人所灭。"智宣子没有听从智果的劝告，坚持让智瑶继位。智果为了避祸，从智氏宗族分了出来，另立族姓。

智果真是智者。智瑶即位之后，当他以强大的国力、武力欺负韩、魏、赵三家时，被三家偷偷联合起来灭掉了，智瑶的头颅被做成酒具，身死族亡国灭。

司马光在叙述完这个故事之后，感慨地说："智伯的死亡原因，就是才能胜过德行。才干与德行是两回事，而世俗之人往往分不清，一概而论之曰贤明，于是就看错了人。所谓才干，是指聪明、明察、坚强、果毅；所谓德行，是指正直、公道、平和待人。才，是德的辅助；德，是才的统帅。"

司马光坦言，德才兼备的是圣人，无德无才的是愚人，德行超过才能的是君子，才能超过德行的是小人。

司马光还说，用人，最好是用圣人，没有圣人就用君子；圣人、君子都没有，那就宁用愚人而不用小人。

为什么？司马光分析说，君子凭借他的才能去做善事，做好事；小人则凭借着他的才能去做恶事，做坏事。凭借才能做善事，做好事，善事、好事会做得很周全；而凭借才能做恶事，做坏事，恶事、坏事则会做得登峰造极。愚人即使想做坏事也不可怕，因为他们的才力不济，这就像小狗攻击人，人很容易就能制服它一样。而小人如果有才力，便如虎添翼，足以使他们干坏事的阴谋得逞，危害极大。

司马光由此得出结论，“自古昔以来，国之乱臣、家之败子，才有余而德不足，以至于颠覆者多矣”。

由司马光所讲，联想当下，选拔任用干部为什么要求德才兼备、以德为先，就不言自明了。

陈云长期从事干部工作，对选拔任用干部的品德和才能问题有着正确而深刻的认知。早在 1938 年 9 月，陈云就提出要反对看干部“只看到他本领的高低，没有看到他本质的好坏”[①]的错误倾向。

改革开放之后，陈云针对干部选拔任用标准上一度出现的重才轻德的倾向，严肃地指出：“现在有同志常说，要开拓型干部。开拓型也要，但首先要强调有德，有党性。德才兼备，才干固然要有，但德还是第一。”[②]

1960 年，陈毅讲了这么一段话：一个空军飞行员，如果开不

---

① 《陈云文选》第 1 卷，人民出版社 1995 年版，第 110 页。
② 《陈云文选》第 3 卷，人民出版社 1995 年版，第 359 页。

好飞机，那总不好吧；然而飞机开得再好开到敌人那边去了，反过来打自己的国家，那就更糟了。

没有才能不行，但没有品德更糟糕，才高而缺德就更会招致灾难性的后果。

《贞观政要·择官》有言：“用得正人，为善者皆劝；误用恶人，不善者竞进。”的确，选拔使用了正直的人，好人就会受到鼓励；选拔使用了不良之人，坏人就会竞相钻营。

第三，德才兼备，不求完备。选拔任用人才，坚持高标准，严要求，德才兼备，好中选优，是前提条件，但是，也不应该因此而求全责备，一味地去追求“完人”“全才”。如果一味地追求“完人”“全才”，那天下就很少有能用的人了。

因此，领导干部在选拔任用人才时，还应该牢记“德才兼备，不求完备”这八个字。一般来说，求“德”，要看大节，赦小过；求才，要看其是否能胜任工作，以及是否比同层次的其他可选人员更胜一筹。

八、沟通智慧

——人际关系的纽带和桥梁

1933 年，法国著名社会学家格兰丘纳斯在其《组织中的关系》一文中，提出了一个用来计算分析在任何管理跨度下，上下级之间可能存在的人际关系的著名公式：

$$C = n[2^n/2 + (n-1)]$$

公式中，C 为可能存在的人际关系，n 表示管理的跨度，即下属的人数。

根据这个公式，如果领导干部直接领导着 6 位下属，他需要面对的人际关系是 222 种；如果领导干部直接领导着 8 位下属，他需要面对的人际关系就是 1080 种。

用这个公式计算出来的结果看起来似乎有些夸张，但的确不能否认，领导干部与下属之间有一个很复杂的人际关系。事实上，不仅如此，领导干部与上级领导、同级同事、领导对象等，都有一个很复杂的人际关系。

这些复杂的人际关系处理得如何，不仅关系到领导工作的成效，也关系到领导干部自身的发展。

有一项调查，提出过这样一个问题：在工作中最棘手、最难处理的问题是什么？结果 98% 的领导干部回答：人际关系。

古代著名思想家荀子说："力不若牛，走不若马，而牛马为用，何也？曰：人能群，彼不能群也。"

何谓"能群"？就是人与人之间围绕某一目标主动进行社会交往，而社会交往的主要手段就是沟通。

1. 即席讲话的方法和艺术

即席讲话，是指事先没有充分准备，而在特定的场合，由他人提议或自认为有必要而临时决定的发言。

即席讲话与一般的会议讲话、报告、演讲不同。后者，领导干部可以事先根据会议主题作充分的准备，甚至还可以写出文稿，到时候"照本宣科"；而前者却很少有可能让领导干部作充分的准备。它常常是"突然袭击"式的，叫人措手不及。

遇到这种需要领导干部即席讲话的场合，领导干部只能根据实际情况和具体需要，在短暂的时间里快速调动起自己的思维系统，先打个腹稿，或边讲边准备，边准备边讲。

即席讲话不仅在时间上具有突然性的特点，而且在内容上，还受具体场合、现时议题的限制，具有制约性。这种特性决定了即席讲话不可能有统一的模式，需要"到什么山上唱什么歌"，主题"缘事而发"，情感由景而生。领导干部需要根据当时的主题、现实的语境来构思自己的讲话内容，抒发自己的情感。

即席讲话虽然难度大，但领导干部掌握了一定的方法技巧，还是能化难为易，与听众实现有效沟通的。

第一，确定即席讲话的主题。主题，是讲话者通过具体的材料和论述所要告诉听众的思想观点的核心。写文章需要确定主题，即席讲话也是一样。从构成文章或讲话的事实材料、理论材料、语言材料来说，人们常把主题比作统帅，是说主题就像军队的指挥官一样，写作、讲话的各个环节都要服从它的调遣。譬如，选择材料、安排章法、运用语言、使用技巧等，都要围绕它来进行，以它为依据，“字字句句受命于主脑”。否则，就会成为“断线之珠，无梁之屋”（李渔《闲情偶寄》）。

所谓即席讲话先要确定主题，也就是讲话者要歌颂什么，赞扬什么，说明什么，反对什么，揭露什么，批评什么。没有确立主题，不要轻易讲话。“苟意不先立，止以文彩辞句绕前捧后，是言愈多而理愈乱。”（杜牧《答庄充书》）

关于立意，宋代著名文学家苏轼打过一个形象的比喻。

宋朝，江苏江阴有一位名叫葛延之的人，不辞辛苦，跋山涉水，千里迢迢来到海南，前来拜访流放到此地的大文豪苏轼。

寂寞的苏轼见有朋自远方来，非常高兴。他热情地接待了葛延之，并留他住了一个多月。在这期间，两人你问我答，谈了许多写作上的事。

一天，葛延之问苏轼：“先生，请问，这写文章有什么秘诀吗？”苏轼回答道：“如果说有秘诀的话，那就是‘意’。比方说，这里虽说是个仅有几百户人家的小城，但人们日常所需的东西都可以在街市上得到。当然，并不是白白地就能得到，必须用一个东西才能取来，这个东西是什么呢？它就是钱。”说到这儿，苏轼略顿了顿，接着又说：“这写文章就像买东西，材料散布在各种经籍史书中，但你却不能任意使用，必须先得到一个东西才能把它摄取过来，这个东西便是我前面所说的‘意’。没有钱便买不到东西，没有‘意’便没有办法运用材料，自然也就写不出文章。”

苏轼的话使葛延之豁然开朗，他高兴地说：“先生的话真是太对了！”说着，赶紧找来笔墨，把苏轼的话记在自己的长袍带子上。

苏轼所说的“意”就是文章的主题。

其实，说话和写文章是同样的道理。立意，即确定主题，是即席讲话的关键，即席讲话应该做到“意在口先”，没有意就不要轻易讲话。

主题是即席讲话的统帅、灵魂和纲领，它与即席讲话质量的高低、价值的大小、观点的优劣，有着非常密切的关系，对即席讲话的成败有着至关重要的影响。

第二，善于借用现场可以借用的资源。这种资源可以是天气、环境、人名、地名、会场气氛等带来的联想，也可以是其他刚讲完话者的观点对自己的启迪等。总之，只要是能生发新意，切合会议宗旨的事物，都可以大胆借用。例如，民主战士闻一多在

1945年5月4日的即席讲话，就成功地“借”用了“雨”这一自然景物。

1945年5月4日，云南大学、中法大学等校的大学生，在云南大学的操场上举行纪念“五四”纪念会。会议开始不久，天便突降暴雨。一些学生离开会场避雨去了，会场秩序大乱。这时，闻一多迎着暴雨站在台上高呼：“热血的青年站过来！继承五四精神的青年站过来！怕雨吗？”许多青年回答：“不怕！”于是，闻一多站在暴雨之中大声说：“我给你们讲一个故事：武王伐纣那天，军队集合起来了正要开拔，也遇到过天下大雨，于是，领头的人说：‘此天洗兵。’兵，就是兵器。让天上的雨水把兵器上的灰尘统统洗个干净，上战场就更锐利。我们今天纪念‘五四’，也是天洗兵！不懦怯的人，走近来，勇敢的人走拢来！”同学们都围过来了。闻一多接着喊：“我们是争取民主的战士！我们什么都不怕！”青年的情绪非常高涨。[①]

这里，闻一多“借”暴雨之题，引发出武王伐纣的故事，“天洗兵”的壮志豪情，进而号召青年们继承“五四”光荣革命传统，经受暴雨的洗礼，做一个坚强的民主革命战士。这段“借题发挥”既切景切情，又切合大会宗旨，极具鼓动力、号召力。

第三，快速进行构思。想得清楚，才能讲得明白。这想的过程，就是人们常说的构思。

① 参见刘烜：《闻一多》，人民出版社1986年版，第109—110页。

唐朝文学家王勃习惯在文章动笔前，先蒙头躺卧下来，起来后提笔就写，而且不再改动，当时人们说这是“腹稿”。这个说法一直流传到现在。

鲁迅在写一篇稿件之前，也常常有一个很长的酝酿时期。即使是三五百字的短评，也不是摊开纸就动笔。许广平说：“那张躺椅，是他构思的好所在，那早晚饭前饭后的休息，就是他一语不发，在躺椅上先把所要写的大纲起腹稿的时候。”

我介绍王勃、鲁迅的构思方法，并不是要大家去模仿，主要是为了说明这些古今大手笔都重视构思。再说即使想模仿也不行，因为即席讲话是仓促上阵，容不得你蒙头躺卧，也没时间让你坐在躺椅上构思。不过，我这样讲也不是说即席讲话就不需要构思了。即席讲话不仅需要构思，而且还要充分调动你的思维系统迅速构思。那么，即席讲话怎样快速构思呢？

一要想一个好的开场白。虽然即席讲话多是一种“随行就市”、临场发挥的语言行为，但“良好的开端是成功的一半”，精彩而有吸引力的开头能立即征服听众。美国著名演讲家洛克伍德·桑佩曾经说：“在整个演讲的过程中，做到轻松地、巧妙地与听众交流思想是困难的，然而，做到这一点的关键，是演讲开头的用词和表达。”美国著名演说家哈罗德认为，即席讲话，“最重要的是，想出一段能够吸引人注意的开头，能够立即抓住听众的注意力”。

二要安排好主体内容的布局。好的开场白，在讲话者和听众之间架起了一座联系的桥梁，为即席讲话的成功奠定了基础。然而，这并不够。如果把即席讲话的全过程比作一幢大厦的话，那么，开场白还只是这幢大厦的基础。主体工程还需要认真对待，这主体工程便是即席讲话主体内容的布局，而主体内容，是即席讲话的核心，是即席讲话的精华所在。

三要设计好结尾。前面我们论述了即席讲话的开头和主体，但一场好的即席讲话，光有美妙的开头和丰腴的“身段”还不行，非得有很好的结尾不可。这就像一个人，若是戴着一顶漂亮的帽子，穿上一身考究的西服，就必须穿一双精致的鞋子才相配。假如是穿一双烂草鞋，不仅不伦不类，也影响整体的美观效果。

好的结尾，不仅能突出主题、深化主题，帮助听众理解即席讲话的内容，还耐人回味。明朝人谢榛在他的《四溟诗话》中说：“结句当如撞钟，清音有余。”李渔在他的《闲情偶寄》里说得更为形象：“收场一出，即勾魂摄魄之具，使人看过数日而犹觉声音在耳，情形在目者，全亏此出撒娇，作临去秋波那一转也。”这话的意思是说，戏的结尾，应该给观众以余味，引起观众的思索和回味。李渔说的虽是戏，但即席讲话又何尝不是如此?

第四，预先准备好即席讲话的材料。有备才能无患，即席讲话要变被动为主动，需要预先准备好即席讲话的材料。看了这句话，也许有的读者要问：“我根本不知道要请我讲话，准备材料从何准备起？”其实，我这里所说的材料的准备，并不是就某一次具体的即席讲话材料而言，而是说你在心理上要随时准备着在各种场合下作即席讲话，并为此而准备材料。当你被人邀请上台讲话时，可以从大脑的材料库中，围绕着讲话主题，提取所需要的材料，迅速构思“腹稿”。这好比家里经常会来一些不约而至的客人，而客人来了之后又要吃饭。但是，家离超市很远，离饭店也不近，没办法，只能自己做。为了很好地招待每一次来的客人，让客人吃得合口、吃得满意，就得先采购点食品放在家里储存起来，“备战备荒”。当客人来的时候，便可以根据客人的口味，挑选食品来加工。这样，就不会犯“无米之炊”之难。

最后强调一点，即席讲话以“短而精”为要，不要长篇大论，拖泥带水。话不在多，而在精。洋洋洒洒地高谈阔论，不仅会给听众留下夸夸其谈的不良印象，还会使听众出现听觉疲劳。因此，领导干部在即席讲话时，要本着长话短说的原则，能五六分钟说清的事情，千万不要拉长到个把小时。说一事就论一事，内容具体、实在些。

密云水库修建时，周恩来非常关心它的质量，多次召开座谈会，了解工程质量情况。在一次水库工地座谈会上，他把双手举过头顶，说：“这座水库坐落在首都东北，居高临下，就如同放在首都人民头上的一盆水，一旦盆子倒了或漏了，撒出大量的水来，人民的衣服都要被打湿的。”①

这段即席讲话，不仅话语简洁，含义还博大精深，既强调了

① 中共中央文献研究室编：《周恩来传（1898—1976）》（下），中央文献出版社 2008 年版，第 1270 页。

工程质量的重要性，又流露出对人民高度负责的情感。

2. 表达谦虚也需要技巧

苏联著名教育家加里宁曾经讲过这样一段话："根据我个人多年来的经验，我觉得，假如甚至是由于你的手势或者口气，或者好像不太重要的话语，致使人们觉得你认为自己比他们聪明一些，比他们知道得多一些，那么你就糟糕了。人们都不喜欢那种自高自大的人，他们不会听这种人的话。一有适当的机会，那他们就会给他一个下不了台。"

加里宁的话是非常符合实际的。在社会交往活动中，最受欢迎的言辞是谦虚的言辞，最受欢迎的人是谦虚的人。

谦虚受人们欢迎，但表达起来却不是一件容易的事，尤其是在别人当众夸奖你的时候，更难。难怪就连巧舌如簧的基辛格也发出感叹。

一次，基辛格应邀作讲演。主持人介绍完他以后，听众全都站了起来，一个劲儿地鼓掌。后来掌声终于停了，听众坐了下来。这时，基辛格说："我要感谢你们停止鼓掌，因为要我长时间表示谦虚是很困难的事。"

基辛格这话虽是幽默之语，但道出来的却是实情。别说是长时间表示谦虚困难，就是短时间表示谦虚也不易。谦虚是个技术活儿。

那么，如何表达谦虚呢？这里介绍几种方法。

第一，转移对象。所谓转移对象，是把别人赞扬自己的话转移到他人身上。

有人对爱因斯坦说：“你的名声真是太大了，达到了令人难以置信的地步。我听说有两个美国大学生打赌，说是发一封信，信封上只写‘爱因斯坦’收，看能不能寄到，后来听说你收到了。”

听了这赞扬的话，爱因斯坦笑着说：“对，信收到了，而且是按时收到的。不过，这只能说明邮局工作做得好，与我的名声无关。”

这里，爱因斯坦就是用转移对象的方法来表达自己的谦虚，他把别人对他的赞扬转给了邮局。

转移对象的方法是表达谦虚的有效手段。当有人表扬你时，你可以把表扬“嫁接”给他人。这样做不但不会有损你的功绩，相反，还会赢得他人对你的敬重。

第二，荣誉共享。一般来说，任何成就的取得都不是一个人的功绩，它可能是集体合作努力的结果，也可能是他人相助的结果。因而，当有人赞扬你取得的成果，对你进行表扬时，你不妨让自己的合作伙伴分享这些荣誉。这种方法就是“荣誉共享”。使用这种方法能有效地避免独居功劳之嫌。科学共产主义的创始人恩格斯就是这样做的。每当有人赞扬他在理论上的造诣时，他总是把功劳归于他的亲密战友马克思。他说：“马克思是天才，我们至多是能手。没有马克思，我们的理论远不会是现在这个样子。所以，这个理论用他的名字命名是理所当然的。”[①]

在恩格斯 70 岁生日的时候，许多朋友来电向他祝贺，这使他非常不安，他表示自己主要是靠马克思才获得了荣誉。

这是博大的胸怀！面对他人的表扬赞颂，他不是居功自傲，欣然受之，而是真诚地把荣誉分给他的亲密战友。

第三，淡化成绩。所谓淡化成绩，就是看轻自己的成绩。当有人对你的成绩提出表扬或赞赏时，你可以轻描淡写地将自己的成绩描述几句，以此表示自己认为它并不怎么样，不值得这么赞扬。

泰勒斯是欧洲哲学史上的第一位哲学家，也是欧洲哲学史上第一个哲学流派——米利都学派的创始人。他学识渊博，充满智慧，被古希腊人称为“贤人”。然而，泰勒斯从不以“贤人”自居，对人总是谦逊有礼。据说，有一次，一位渔夫在打鱼时，用渔网打捞到一只三足鼎。那只鼎样式别致，铸造精良，夜里还能放出金光。人们说，这只鼎是上天赐予的宝物，凡人不该拥有，应当把它献给希腊最有智慧的人。谁是最有智慧的人呢？大家争来论去，一致认为，泰勒斯是当时最有智慧的人。于是，人们带着这只三足鼎，来到了泰勒斯的住处。泰勒斯看了看三足鼎，对它赞不绝口。人们见他很喜欢这只鼎，非常高兴，便把来意告诉

① 《马克思恩格斯选集》第 4 卷，人民出版社 2012 年版，第 248 页。

了他。

“使不得，使不得，”泰勒斯听了这话，连连摆手说，“我只不过是比你们多读了几本书而已，怎么能称得上智者、贤人呢？如果不是智者、贤人，又哪里敢接受这神奇的宝物呢？大家还是把它献给太阳神吧！”

人们见他执意不肯接受，就听从了他的建议，把三足鼎献给了太阳神。

“我只不过是比你们多读了几本书而已”，这话听起来是平淡的，但平淡中却见神韵，它蕴含的是一颗博大而谦虚的心。

第四，比喻轻言。顾名思义，比喻轻言，就是用比喻的方法来把自己的成就说得很平凡，微不足道，把自己说得很渺小。科学家牛顿就曾用这种方法来表现自己的谦虚精神。

牛顿创建的“牛顿力学”闻名世界，但当他的朋友称他为伟人时，他却说：“不要这么说，我不知道世人怎么看我，不过，我自己只觉得好像一个孩子在海滨玩耍的时候，偶尔拾到了几只光亮的贝壳。但是，对真正的知识大海，我还没有发现呢！”

牛顿的成就是巨大的，但他却把自己的巨大成就说成是在海边玩耍时不经意拾到的几只光亮的贝壳。言外之意是，他的成就很平常、很一般。

第五，巧改词语。不同的词语有着不同的意义、不同的用法，利用词语的这一特点，巧妙地改换别人赞扬你的词语，也能达到谦虚的效果。

20 世纪 60 年代，作为中国乒乓球界“三巨头”之一的徐寅生是一位家喻户晓的人物，人们说他打球时是“智多星”。听了这一称赞，徐寅生幽默地说：“其实，我不过是脸上多长了几个痣而已。”

“智”和“痣”语音相同，但“痣多星”则是徐寅生对自身缺憾的自嘲。但也正是由于这一改换，谦虚的效果便显现了出来。

第六，部分肯定。面对他人的赞扬，如果一概否定，很可能会有虚假之嫌，如果能自我肯定一部分成就，而对其他成就淡然置之，则会给人留下诚实的印象，这就是“部分肯定”的方法。世界著名发明大王爱迪生就用这种方法表达了自己谦虚的态度。

人们见爱迪生发明了电灯、留声机、蓄电池等数以千计的东西，非常钦佩他，便称赞他为“天才的魔术师”“天才的发明家”。而爱迪生对此夸赞则不以为然，他说：“我的发明全是靠实验得来的，绝不是靠什么天才。一个人只要肯努力，就没有不成功的事情。”

爱迪生否认天才，但却肯定自己刻苦努力的优点。这不仅表现了自己谦虚的精神，还给人一种非常实在的感觉。

同爱迪生一样，鲁迅也用这种方法来回应他人的赞扬。每当有人称鲁迅为天才时，他总是回答说：“哪有什么天才，我是把别人喝咖啡的时间都用在了工作上。”

表达谦虚虽然有一定的技巧，但这种技巧是建立在态度真诚的基础之上的，谦虚应该是人的内心美好情感的自然流露。

没有真诚的态度，谦虚就是虚伪，谦虚的语言就是谎言，谦虚的态度就是骗局，谦虚的技巧就是骗术。

这里强调一点，谦虚要避免说套话。晋元帝司马睿生了个儿子，大做汤饼会宴赐群臣。大臣殷羡为讨好皇帝，“谦逊”地对皇帝说：“庆贺陛下今后有人继承大统，臣等今天无功受赏赐，实在惭愧！”

元帝说：“你这是什么话！这样的事（指生太子）怎么能让你们有功呢！”

在场的大臣听了这段对话，都不禁掩口失笑。笑什么？笑殷羡谦逊说套话，谦虚的不是地方。

3. 帮你轻松地说出“不”字

毋庸讳言，凡是领导干部，多少都有点权势。因此，难免会有亲朋好友以及下属等来请求你为他办这办那。

他人请求的事情虽然五花八门，但这些请求若是以性质来论，可以分为三种类型。

第一，合理的请求。所谓合理的请求，就是请求者确实需要或确实有困难，而请求者提出的请求又不违背党和政府的各项方针政策，且符合人民利益的要求。

第二，基本合理的请求。有些请求从局部来说是合理的，它合乎道德规范，不违背党和人民的利益；但从全局利益出发又有着不合理的成分，这样的请求，我们称之为“基本合理的请求”。

对于合理的请求或基本合理的请求，领导干部应该急群众之所急，想群众之所想，尽量使群众的请求得到满意的解决。即使条件暂时不允许，也要有诚恳的态度，向请求者讲明原因，待以后想办法解决。千万不要敷衍了事，更不能盛气凌人，摆出一副官架子，而应当以坦率真诚的态度，说明理由。

1949 年底，商务印书馆由于经营不善，发不出薪水。董事长张元济先生到上海市政府找陈毅市长，要借 20 亿元，以解燃眉之急。这位老先生比陈毅父亲年纪还大。陈毅在小学时，就听到过他的大名。但是陈毅认为，这笔钱不能借。可是，怎样回绝他的请求呢？陈毅稍作沉思，对张先生说道：“如果我说人民银行没有 20 个亿，借不出来，那是骗你老前辈了。你这么大年纪为了文化事业跑来，理应借给你，但是我想还是不借为好。20 个亿搞到商务印书馆，一下子就花掉了，却解决不了实际问题。听说现在商务印书馆那些编辑天天打扑克、唱歌、捅炉子、烧枣子吃，只愿搞学术丛书，不愿搞通俗读物，这样不要说 20 个亿，200 个亿也没有用的。要你老先生到处借钱度日，我很感动，但也很生气。我不能借，借了是害了你们。”①

陈毅的拒绝是成功的，这成功便得益于坦率真诚的态度。

① 《陈毅：我不能借，借了是害了你们》，北京日报客户端，2020 年 10 月 31 日。原载于《北京日报》2015 年 3 月 30 日。

第三，不合理的请求。所谓不合理的请求，就是请求者所请求的事情，不符合党和政府的各项方针、政策，违背党和人民的利益，有“走后门”嫌疑的请求。如要官、要钱、探听党和国家的机密等。对于不合理的请求，领导干部理所当然应该坚决拒绝，决不能为了私人感情或为了钱物违纪违法，损害党和人民的根本利益。

请求，都是有目的的，没有目的的请求是不存在的。这一目的性，决定了请求者的求成心理、期盼心理、执着心理，由此，也给领导干部拒绝带来了困难。

答应他们的请求，条件办不到，或者不合原则，甚至违纪违法；拒绝他们的请求，又觉得感情上过不去。所以，领导干部有必要掌握一些拒绝他人请求的语言智慧，以便于轻松地说出“不”字。

任何人遭到拒绝，总会或多或少产生不愉快感和目的没有达到的不满足感，怎样把这种不愉快感和不满足感降到最低程度呢？下面的“处方”或许有用。

第一，补偿法。所谓补偿法，就是在拒绝的同时，在心理需求和物质利益上，在所能承受的范围内给对方以适当补偿，以缓解对方因失望而带来的心理不平衡。

某校一名老师因高级职称没评上，心里很恼火，便去向领导反映，诉说不合理之处，要求重评。领导耐心地听他发完牢骚，然后对他说：“你的条件基本合格，按理应该评上，但指标有限，符合条件的又较多，你未被评上，请予谅解。不过，下次职称评审不久就要开始，你的希望还是很大的。”

这位领导使用的便是补偿法。他让对方感受到了诚意，看到了希望，心理得到了平衡，从而愉快地接受了现实。

又比如，有个工人气哼哼地来找厂长，说给他的奖金太少了，不够养家糊口，要求厂长多给他点奖金。厂长待他说完，态度诚恳地对他说：“你家里有困难，这我是知道的。不过，这奖金的事，是厂委会决定的，我不能擅自改变这个决定。这样吧，我这个月的奖金家里暂时用不了，你先拿点用，等你奖金提高了，家用有余时再还我。”

这位厂长使用的也是补偿法。尽管那个工人奖金没提高，也没有要厂长的钱，但气却消了。

第二，物理法。所谓物理法，就是以“物理条件无法更改”作为挡箭牌，来拒绝对方的要求。一般作为物理理由的是空间和时间的界限，因为这两者都具有难以为人所左右的特性，所以，当你以物理限界为由拒绝时，请求者是束手无策的。

比如，有个衣冠不整的人来到某个大饭店投宿，柜台人员打量他的穿着后，如果说：“本店不收留可疑人员。”很可能引发一场纠纷，但如果说：“真抱歉，房间都已客满，欢迎下次再光临。”就不会遇到什么麻烦了。

再比如，你的朋友想让他的孩子到你的公司工作，但你觉得他的孩子条件太差，胜任不了公司的工作。怎么办？直言拒绝，双方的面子都过不去。碰到这种情况，你不妨用物理法来拒绝，你可以说："真遗憾，你要早点说就好了，现在人员都定岗了，等以后有机会我一定想着这件事。"

其实，这种方法大多数人都常用，而且行之有效。因为人都有根深蒂固的观念，认为物理条件是不可能更改的，所以也无须强求。

看了这两个例子，也许有人会说：为人要诚实，怎么能说谎呢？这不是与坦率真诚的态度相悖吗？我认为，这是善意的谎言。而且具体问题要具体分析、具体对待。丘吉尔说过这样一句话："在战争时期，真理是如此宝贵，必须用谎言去保卫它。"我要说："在生活中，人际关系是那样复杂，必要时，可以用'谎言'去润饰它。"

第三，模糊法。所谓模糊法，就是用模糊语言来拒绝他人的请求，这种方法看似对请求者有了交代，但实质上信息为零，效果也为零。

1945 年，美国在日本投下了两颗原子弹后，美国新闻界谈论的突出话题是猜测苏联有没有原子弹，以及有多少原子弹。因此，当苏联外长莫洛托夫率代表团访问美国时，在下榻的宾馆前，便被记者们团团围住了。有记者问莫洛托夫："苏联有多少原子弹？"

"足够！"莫洛托夫绷着脸仅用了一个英语单词回答。莫洛托夫回答的"足够"，就是模糊语言，从表面上看，是回答了记者们的问题，但实际上，记者们并没有得到真正的信息。

第四，搪塞法。所谓搪塞法，就是用一些没有多少价值的东西去敷衍对方。领导干部在工作中不要推诿搪塞，但遇到一些不合理的请求时，却能够用这种方法来拒绝。

1960 年，我国打下了美制 U-2 型高空侦察机后，一名外国记者在记者招待会上问陈毅："中国是用什么武器打下的 U-2 型高空侦察机？"

陈毅笑着说："我们是用竹竿捅下来的！"

面对记者的提问，如实相告，显然不能，因为这涉及军事秘密。拒绝回答，虽然符合外交原则，但却有失礼节。于是，机智而善表达的陈毅便运用了搪塞法，巧妙而成功地解决了这两道难题。

用竹竿捅下高空侦察机，谁也不会相信，但此言却能幽默地回答记者的提问，虽说作了回答，而对提问者则是无价值的信息，不过是搪塞他的问话罢了。

4. 把理说深说透说明白

在领导工作中，领导干部常常要就所涉及的事来说理。怎样才能把道理说明白、说深刻、说透彻呢？这不仅需要说理内容本身的正确，即所说的理是真实的道理，符合客观实际，还要掌握科学的说理方法。

说理的基础是“理”，说理的关键是“说”。无“理”寸步难行，有“理”不“说”，理也不能成其为理。可以说，“说”与“理”是说理方法的关键要素。

第一，说理要讲真实的道理。说理要想使人信服，关键在“真实”二字。道理有大有小，有深有浅，但不管是大道理还是小道理，是深道理还是浅道理，都不能脱离“真实”。只有真实的道理，才能说服人、开导人、教育人。

什么是真实的道理呢？凡是能反映客观事物本来面目和现实客观情况，能解释和说明人们的实际问题和现实思想，并起指导作用的道理都是真实的道理。拿这样的道理去说服人、开导人、教育人，一定能征服人心。因为人心所服的是事实，是真理，而不是假道理、空道理。“装腔作势的东西，不能反映真理，而是妨害真理的。凡真理都不装样子吓人，它只是老老实实地说下去和做下去。”①

第二，说理要因人施“理”。领导沟通的对象是复杂的，他们既有年龄、性别、职业经历、文化水平、性格、气质方面的不同，又有理论基础、理解能力、接受程度方面的差异。因此，说理要想取得预期的效果，就得针对不同沟通对象的特点和不同的思想问题，因人施“理”。例如，对文化水平高、理论功底深、

① 《毛泽东选集》第3卷，人民出版社1991年版，第835页。

接受能力强的人，可跟他们谈一些宏观和抽象的道理，引导他们用这些道理去分析认识他们所面临的具体问题。对文化水平低、理论功底浅、接受能力差的人，则应多谈些微观和具体的道理，帮助他们用这些道理来认识和解决问题。千万不能“一把钥匙开所有的锁”。

第三，说理要充分透彻。说理，不管是说大道理还是小道理，都要说得充分透彻。也就是说，要把自己所讲道理的含义说准，内容说清，实质说透。只有说得充分透彻的道理，才能真正起到说服教育人的作用。诚如马克思在《〈黑格尔法哲学批判〉导言》中所言：“理论只要说服人，就能掌握群众；而理论只要彻底，就能说服人。”[①]

领导干部怎样才能把理说得充分透彻明白呢？这就需要领导干部掌握一定的说理方法，善用一定的说理智慧。

一是事例说理。所谓事例说理，就是领导干部通过历史、寓言或现实生活中发生的事来反映要说明的道理，使沟通对象受到思想教育。

对于一些抽象的道理，沟通对象往往很难理解。但如果领导干部能从某些具体、实在的事例谈起，将抽象的道理具体化，将理性的东西感性化，沟通对象就容易理解这些道理了。

事例说理是把理说深说透说明白的有效方法，但这种方法的

① 《马克思恩格斯选集》第1卷，人民出版社2012年版，第9—10页。

有效运用还有赖于以下三点。

（1）事例要新。这里所说的“新”，并不仅仅指事例要有时代特色，只要是人所未见或少见、人所未道或少道的事例，都可算新事例。

（2）事例要近。所举事例最好是在地理上和心理上与沟通对象比较接近的事例。这样的事例看得见、想得到、摸得着，能给人现实性、亲近感。

（3）事例要精。精，就是典型。事例有大有小，有古有今，有中有外，但不管是何种事例，都应有代表性。有代表性的事例才有说服力。

二是比喻说理。一般来说，理论多是抽象的，甚至是深奥的、复杂的。领导干部怎样引导沟通对象认识这些抽象、深奥、复杂的道理呢？比喻是最好的方法。比喻，俗称打比方，就是根据联想，抓住不同事物之间的相似点，用其他事物来描绘所要表现的事物，从而阐明道理。运用比喻，可以把抽象的道理说得具体，把深奥的哲理讲得浅显，把陌生的事物谈得熟悉。

三是对比说理。天下万事万物都是相比较而存在的。正如老子所言，“有无相生，难易相成，长短相形，高下相倾，音声相和，前后相随”。

对比说理，是领导干部在说理时，将两件或两件以上的事物放在一起，就它们的性质、范围、作用等方面作定量或定性的对比分析，通过对比分析来表明自己的观点，让沟通对象明白其中的道理。

正反对比说理方法对文化水平高、善于独立思考的沟通对象是非常适合的。但应注意，领导干部在说理时，尽管同时摆出了正反两种观点，但这并不意味着可以态度暧昧，而应该旗帜鲜明地表明态度，不能让正反两种观点“平分秋色”。对于反面的观点或论据，不要简单地予以否定，而应通过实事求是的分析，使沟通对象认识到它的不合理性，从而心悦诚服地接受正确的观点。

运用对比说理方法，可以是同类事物相比，也可以是异类事物相比；可以是同一对象的不同方面相比，也可以是不同对象的同一方面相比；可以是古今相比，也可以是利害相比。但不论用哪种比较方式，都应注意相比较事物的强烈反差。只有造成了鲜明的对比形象，才能取得好的说理效果。

九、涵养智慧

——成就卓越的领导干部

冯梦龙在《智囊·上智部·总序》中说："智无常局，以恰肖其局者为上。故愚夫或现其一得，而晓人反失诸千虑。何则？上智无心而合，非千虑所臻也。"

在冯梦龙看来，真正的智慧没有固定的法则可以遵循，而要根据不同的现实情况，采取恰如其分的对策。所以即便是愚昧的人，偶尔也会表现出智慧来；而那些聪明的人却常常因为考虑太多而作出错误的判断。这是为什么？因为真正的大智慧其实是"无心"而至的，并非只要考虑周全就能达到。

冯梦龙的这段话有个文眼，就是"无心而合"。这个文眼并非说智慧是天上掉下来的，而是说智慧需要随机应变，需要厚积薄发，需要博观约取，这样智慧才能"无心"而至。其实，这也是告诉人们如何涵养、生成自身的智慧。

领导干部作为党和政府的执政骨干，肩负着全面建设社会主义现代化国家、全面推进中华民族伟大复兴的重任，要担当起这一重任，必须具有智慧，这样才能在世界百年未有之大变局中，"识之于势""趋之于势""驭之于势"，下好"先手棋"，如此也才能成就卓越的领导干部。

1. 知识是构建智慧大厦的基石

万丈高楼平地起。智慧大厦的建成需要坚固的基石，这一基石，就是知识。

古罗马著名政治家、哲学家西塞罗有一句名言：“无知是智慧的黑夜，没有月亮、没有星星的黑夜。”这就是说知识可以照亮黑夜。而知识的获得，离不开读书学习。

欧阳修有句名言：“立身以立学为先，立学以读书为本。”这句名言旨在强调人们安身立命应从学习开始，而学习以读书为根本。

第一，读书学习可以拓宽视野，增强洞察力。视野开阔，方能看得高远。《庄子 · 秋水》云：“井蛙不可以语于海者，拘于虚也；夏虫不可以语于冰者，笃于时也；曲士不可以语于道者，束于教也。”

这段话的意思是说，对井底之蛙，无法跟它谈论海洋，因为它的眼界被狭小的生活环境所局限；对夏天生死的虫子，无法跟它谈论冰雪，因为它的眼界受到气候时令的限制；对孤陋寡闻的人，无法跟他谈论大道理，因为他的眼界被所受教育束缚。

那什么时候可以跟他们谈论大道理呢？《庄子 · 秋水》给出了答案：“今尔出于崖涘，观于大海，乃知尔丑，尔将可与语大理矣。”

这就是说，当你走出狭隘的河岸，看向大海，知道自己浅薄无知的时候，对方就可以跟你谈论大道理了。

1939年1月28日，毛泽东在第十八集团军延安总兵站检查工作会议上说过：“有了学问，好比站在山上，可以看到很远很多东西；没有学问，如在暗沟里走路，摸索不着，那会苦煞人。”[①]

荀子云：“学者非必为仕，而仕者必如学。”这句话的意思是说，学习的人不一定要当领导，而当领导的人则必须学习。领导干部不学习，视野就会狭隘，就会感到“本领恐慌”，就会变得平庸，自然也就当不好领导，更不用说智慧领导了。

庄子云：“水之积也不厚，则其负大舟也无力。”宋代著名思想家朱熹说：“问渠那得清如许？为有源头活水来。”渊博的文化知识就是领导干部开阔视野的“活水”。

领导干部必须具有开阔的眼界，善于多角度、全方位和在广阔的时空背景下观察事物。

第二，读书学习可以放大格局，增强预见力。格局，是一个人的眼界、胸襟、气度、胆识等心理要素的内在布局。一个有格局的领导干部眼界开阔，气度博大，胆识超群，思考问题既有历史的深度，又有世界的宽度，更有未来的高度。

曾国藩认为：“谋大事者，首重格局。”心中没有格局或者格

① 中共中央文献研究室编：《毛泽东传（1893—1949）》，中央文献出版社2004年版，第511页。

局太小，都难成大事。

《菜根谭》中有语云：“建功立业者，多虚圆之士；偾事失机者，必执拗之人。”这句话的意思是说，建立功业、成就功勋的全都是谦虚、包容、宽和的人士，那些惹是生非、遇事坐失良机的人一定是那些执拗固执的人。

可以说，谦虚、包容、宽和的人是有格局的人，执拗固执的人是没有格局或格局小的人。这应该是历史经验的总结。

有大格局才有大智慧。人们在社会中工作、生活，不可能一帆风顺，困难、困局、困境、困窘在所难免。不可能今天种下种子，明天就能结出果实，甚至种子不发芽的情况都有。

一个人如果没有格局或者格局太小，就会深陷其中而不能自我突破，就会在困难挫折面前一筹莫展，甚至怨天怨地怨别人。而有格局者，会把眼光放远、眼界放宽，不会为鸡毛蒜皮的琐事烦心，会把困难挫折当作成功的垫脚石，从而获得成功，获取成就。这就是大智慧。

第三，读书学习可以提升本领，增强领导力。领导干部要做好领导工作，需要有各种各样的本领。这些本领如何获得？读书学习是其重要途径。

德国军事理论家克劳塞维茨在其《战争论》中指出，人的智力是通过他所接受的知识和思想培养起来的。

的确，离开知识的积累，脱离知识的依托，是谈不上智力的开发、智慧的生成的。领导干部也是如此。知识是领导干部智慧的源泉，领导干部只有具有了广博的知识，具有了合理的知识结构，才能生成无尽的智慧。毛泽东之所以能高瞻远瞩，运筹帷幄，决胜于千里之外，与他博览群书，具有渊博的知识是分不开的。

实践证明，人所具有的能力与他所掌握的知识是成正比的关系。一般来说，一个人所掌握的知识越多，他对客观事物规律的认识就越深刻，他的预见能力、创新能力、判断能力、表达能力等就会越强。比如周恩来，他那杰出的语言表达能力是世所共知的。

1960 年 9 月 5 日，周恩来同英国记者费力克斯 · 格林进行电视谈话。在提问中，该记者似乎认为，一个国家向外扩张，是由于人口过多。

周恩来当即答道："我们不同意这种看法。英国的人口在第一次大战前是四千五百万，不算太多，但是，英国在一个很长的时期内曾经是'日不没的'殖民帝国。美国的面积略小于中国，而美国的人口还不及中国人口的三分之一，但是美国的军事基地遍于全球，美国的海外驻军达一百五十万人。中国人口虽多，但是没有一兵一卒驻在外国的领土上，更没有在外国建立一个军事基地。可见一个国家是否向外扩张，并不决定于它的人口多少，而决定于它的社会制度。"[①]

从这场论辩中，我们不难看出周恩来雄辩口才的力量，而这种力量来源于他那丰富的世界历史、地理知识。

---

① 中共中央文献研究室第二编研部编：《周恩来自述——同外国人士谈话录》，人民出版社 2006 年版，第 69 页。

“书到用时方恨少。”只有博览群书，才能广泛地汲取到各种知识素养，运用时方能取舍自由，游刃有余，左右逢源。对此，古今学者和名人有相同的见解。

南北朝著名文论家刘勰说：“夫经典沉深，载籍浩瀚，实群言之奥区，而才思之神皋也。扬、班以下，莫不取资，任力耕耨，纵意渔猎，操刀能割，必裂膏腴。是以将赡才力，务在博见。狐腋非一皮能温，鸡蹠必数千而饱矣。”（《文心雕龙·事类》）

刘勰认为，思想精深的经典，内容博大的古籍，实在是各家学说的总汇，是他们才思的渊薮。扬雄、班固等人，没有不从里面汲取滋养任意渔猎的。他们拿起刀子就知道怎样取舍，必然会把肥肉割取下来。这说明了要丰富自己的才力，一定要尽可能地博览群书。狐狸腋下的皮毛不是一块就能保暖，鸡爪子要几千只才能吃饱。

鲁迅则言：“必须如蜜蜂一样，采过许多花，这才能酿出蜜来，倘若叮在一处，所得就非常有限，枯燥了。”（《致颜黎民》）总而言之，一句话：“长袖善舞，多财善贾。”

2013 年 3 月 1 日，习近平总书记在中央党校建校 80 周年庆祝大会暨 2013 年春季学期开学典礼上的讲话中指出：“学史可以看成败、鉴得失、知兴替；学诗可以情飞扬、志高昂、人灵秀；学伦理可以知廉耻、懂荣辱、辨是非。”[①]

① 习近平：《在中央党校建校 80 周年庆祝大会暨 2013 年春季学期开学典礼上的讲话》，《人民日报》2013 年 3 月 3 日。

读书学习，是我们习以为常的事情，但实际上，它是人的心灵和上下古今一切民族的伟大智慧相结合的过程，读一本好书，就是跟一个智者交流，能够启迪我们的智慧。

知识是领导干部成功的基础。从某种意义上说，无知之人是无能的；而无能之人，又谈何智慧？谈何成功？

2. 思考是打开智慧之门的钥匙

毛泽东在《学习和时局》一文中说过这样一段话："列宁斯大林经常劝人要善于思索，我们也要这样劝人。脑筋这个机器的作用，是专门思想的。孟子说：'心之官则思。'他对脑筋的作用下了正确的定义。凡事应该用脑筋好好想一想。俗话说：'眉头一皱，计上心来。'就是说多想出智慧。"[①]

通过阅读，大脑获得了大量的知识材料，但这些知识材料只有经过头脑的思考，才有可能变为自己的思想。正如美国著名思想家巴士卡里雅在他所撰写的《爱和生活》中所说的："知识不等于智慧，光有学问不等于有了智慧。智慧是对知识和事实的运用，是对自己的一无所知的认识。"

知识如果脱离了深思熟虑的行动，就是一种死的知识，这种

① 《毛泽东选集》第3卷，人民出版社1991年版，第948页。

死的知识不仅不能诱发我们的智慧，还会成为智慧进一步发展的沉重负担与巨大障碍。因为这种死的知识，只能产生骄傲自满的毒素，而不能催生智慧的萌芽。

领导干部在通过阅读获得了广泛的知识之后，必须用独立思考来打开智慧之门。

关于独立思考的重要性，德国著名哲学家亚瑟·叔本华说得很清楚。他说："一种纯粹靠读书学来的真理，与我们的关系，就像假肢、假牙、蜡鼻子甚或人工植皮。而由独立思考获得的真理就如我们天生的四肢：只有它们才属于我们。"

独立思考，思维才不能僵化。思维僵化，实质上是指思维方式的僵化。所谓思维方式的僵化，就是思维方式单一、封闭、静止。其表现形式是形而上学思维、教条主义思维、单一演绎思维。

形而上学思维，是用孤立的、静止的和片面的观点去看世界，认为世界上一切事物都是彼此孤立的和永远不变的。

教条主义思维，是抱住昨天的理论不放，按图索骥，唯书、唯上。书本上没有的，文件上没有的，"老祖宗"没有讲过的，就不敢多讲一句话、多做一件事，一切照搬照抄。

单一演绎思维，是一切行动都以既定的典型、榜样的经验来指导和规范，而不是根据自身的具体情况，通过总结自身工作中的经验教训来发现问题、解决问题。

在人类逻辑思维中，有两个方向不同且又不可分割的思维方法，这就是归纳思维和演绎思维。归纳思维是由一系列具体的事实概括出一般原理的思维方法，演绎思维是由一般原理推出关于特殊情况下的结论的思维方法。

实践证明，对客观事物规律的深入认识，必须通过归纳和演绎的不断交替反复才能实现，如果割裂归纳和演绎之间的必然联系，以单一演绎思维去认识和改造客观世界，就会造成思维的僵化。

单一演绎思维会使思维形成惰性，使领导干部墨守成规。因为反正上面有典型引路，有现成的模式可循，大胆创新成了“费力不讨好”的苦差事，长此以往，便失去了开拓创新的朝气，也就丧失了智慧的土壤。

人的思维方式为什么僵化？原因是多种多样的，但主要的原因就是缺乏问题意识、思考的省略倾向、话语霸权所造成的怠惰因子。

第一，缺乏问题意识。这是思维僵化的一个重要原因。思维活跃的人，对任何问题、任何事物都能问一个“为什么”，并能很快地进入思考的状态，即有强烈的问题意识。他们爱提出疑问，并且努力地探求原因，寻求答案。

相反，思维僵化的人，对任何问题、任何事物都视而不见，熟视无睹，充耳不闻，无动于衷，即缺乏问题意识。

为什么问题意识会导致两种不同的思维方式呢？原来，在人类的意识结构中存在着一种追求稳定、保持平衡的特征倾向。这种平衡状态要靠强烈刺激、问题意识化的活动来打破，如果没有强烈刺激，没有问题意识，这种平衡状态一般是不会被打破的。

虽然从本质上来讲，人类是一种从意识到肉体都具有追求平衡状态的保守性动物。但肉体上的平衡状态是维持生命的不可或缺的条件，失去平衡，肉体就会生病，而意识的平衡状态却是思维活动的危险物，它阻碍着思维的活跃，束缚着思维的发散。因此，要打破思维的僵化，就必须具有强烈的问题意识，有了强烈的问题意识，才能使思维活跃起来，使大脑处于一种“活性化状态”。

第二，思考的省略倾向。这是思维僵化的另一个主要原因。所谓思考的省略倾向，是指遇到跟以往已解决过的问题相似的问题时，便不再把它当作新问题来分析、思考，而是根据过去的经验来解决。

思考的省略倾向，使得人们习惯于“无意识行动”，对于变化的情况麻木不仁，最终造成思维的僵化。

第三，话语霸权所造成的怠惰因子。中华民族虽然以勤劳著称，但有些人头脑中也存在着怠惰因子。这种怠惰因子虽然有先天的遗传，但更多的是由话语霸权所造成的。

所谓话语霸权，就是由某些机构、某些人或某个人垄断着话语的权力，别人只能俯首听命，没有说话的资格。如封建社会皇帝的话就是金科玉律，任何人都要遵照执行，不允许有任何的异议。

正是这种话语霸权，造成了怠惰因子。因为在话语霸权下，一般人的思考、表达是无效的，不仅想也白想，甚至还会带来灭顶之灾。因此，就从不敢想到不敢说，从不愿想到不愿说，从懒得想到懒得说，最终形成了怠惰因子。而这个怠惰因子便导致了思维的僵化。

于是，人们习惯于接受"圣人"现成的教诲，懒得独立思考；习惯于接受别人现成的经验，懒得多作分析。

善于独立思考，要培养质疑意识。"学起于思，思源于疑。"只有疑问，才能激发探究的欲望。西方哲学史曾经记载了这样一则故事。

一天，罗素问大哲学家穆尔："谁是你最好的学生？"穆尔毫不犹豫地回答："维特根斯坦。""为什么？""因为，在我所有的学生当中，只有他一个人在听课时总是流露出迷茫的神色，老是有一大堆问题问我。"

后来，维特根斯坦的名气超过了罗素。于是，有人问维特根斯坦："罗素为什么落伍了？"维特根斯坦回答道："因为他没有问题了。"

古人认为："疑乃觉悟之机。大疑则大悟，小疑则小悟，不疑则不悟。"大的疑问会带来大的觉悟，小的疑问会带来小的觉悟，没有疑问则不会有觉悟。如果不善于质疑，只是一味地相信，凡是书本上写的便是正确的，凡是前人说的便是真理，迷信书本，崇拜前人，不敢越雷池一步，这样的人自然不会有什么独到的见解。

总而言之，领导干部通过读书学习获得了广泛的知识，并不只是为了成为一个知识渊博的人，让知识成为炫耀的资本，最根本的是在广泛学习后，在拥有知识的基础上，还通过深入思考，领会知识，把“肚子里的知识”灵活运用到实际的领导工作中，以生成真正的智慧；否则，就是纸上谈兵的赵括。

3. 创新是智慧领导的核心思维

冯梦龙在《智囊·上智部·总序》中说过这样一段话：“上智无心而合，非千虑所臻也。人取小，我取大；人视近，我视远；人动而愈纷，我静而自正；人束手无策，我游刃有余。夫是故，难事遇之而皆易，巨事遇之而皆细；其斡旋入于无声臭之微，而其举动出人意想思索之外；或先忤而后合，或似逆而实顺；方其闲闲，豪杰所疑，迄乎断断，圣人不易。呜呼！智若此，岂非上哉！”

冯梦龙认为，真正的大智慧其实是“无心”而至的，并非只要考虑周全就能达到。这是因为别人看到小的方面，而我能看到大的方面；别人只看眼前，我却能看到长远；别人越动越乱，而我则是以静制动；别人束手无策的事情，我却处理得游刃有余。这样的话，看起来困难的事情处理起来都很容易，大的事情也能像小事情一样处理；处理问题、调节争端不动声色，而其行动方案也出人意料。有的开始时有悖常理而后来却完全符合事理，有的看起来似乎违背常理而实际上却顺乎事理。他从容悠闲之时，豪杰之士怀疑他的能力，等他作出决断，圣明的人都无法改变。啊！这样的智慧，确实是大智慧！

其实，冯梦龙所说的“上智无心而合”，并非“无心”，而是“有心”。“有心”体现在思维的创新上。别人看到大，我看到小；别人动，我静；等等。

创新是一个民族进步的灵魂，是一个国家兴旺发达的不竭动力，是智慧领导的核心思维。唯有创新，才能生出智慧；唯有创新，才能取胜。

为什么创新是智慧领导的核心思维？

人们在思考问题时，一般都是按照大家都认同的常情、常理、常规的正向思考路径去思考；或者遵循事物的某种客观顺序去想，比如从前到后，从上到下，从近到远，等等。既然是大家都认同的常理，所以遇到某一问题时，大家都会顺着这样的思路想。

这样思考问题有时能找到解决问题的方法，并收到令人满意的效果。但是，在实践中，面对复杂棘手难题，要是利用一般的思考路径去寻找破解的方法，很难找到正确的答案，或会有失偏颇。

如果领导干部不满足于只是重复别人的思路，不满足于停留在别人的认知水平上，而是有所突破，有所创造，有所发展，就应该跳出常规，打破常理，运用非常规的思路去思考，走别人没有走过的路。这样想出来的办法，就可能是有新意的办法，从而生成智慧，化解难题。

第一，破除思维定式。所谓思维定式，就是存在于人头脑中的认知框架。在社会活动实践中，人们往往受固有的知识和过去经验的影响，不自觉地用以往相同的方式来认识事物和解决问题，从而使得人们创新的视野受到遮蔽。在创新活动的实践中，需要破除的思维定式主要有两种。

一是权威型思维定式。所谓权威型思维定式，就是在对事物的认知和对是非的判定上，缺乏自我独立思考的意识，而盲目地依附于权威。只要是权威人士所说的，就奉之为经典，以权威之是非为是非，以权威之认同为认同。

实践证明，权威型思维定式极大地制约着人们的创新能力。权威虽然可以使我们节省许多探索的时间和精力，但一个人如果过于迷信权威，就会墨守成规，并最终失去自我，使组织丧失活力。

一般而言，具有创新精神的人都是敢于挑战权威的。伽利略就是如此。他不迷信亚里士多德关于“物体下落速度和重量成比例”的学说，于 1590 年在比萨斜塔上做了“两个铁球同时落地”的著名实验，从此推翻了亚里士多德的学说，纠正了这个持续了 1900 年之久的错误结论。

领导干部要尊重权威，但又不为权威所局限。这样才能使自己的思维保持创新的活力，涵养智慧。

二是经验型思维定式。动物园里，一头名叫乔治的大象，被一条小铁链拴在一根小小的水泥柱子上。它摇头摆尾，神态安闲地享用着动物园管理人员给它提供的食物，而从来没有想过挣脱铁链冲出动物园。

是乔治没有挣脱小铁链的力量吗？不是。以它的体力，别说是一条小小的铁链，就是那根水泥柱，只要它一用力，也会如鲁智深倒拔垂杨柳一般，不费吹灰之力就可连根拔起。

那它为什么不去挣脱小铁链呢？原来，在乔治小时候，动物园管理人员在它的腿上拴了一条铁链，另一头系在水泥柱上。乔治对这条铁链很不习惯，它用力挣脱不开，无奈的它只好在有限范围内活动。

一次又一次，乔治总也挣不脱这条铁链。慢慢地，它不再去试了。

后来，乔治长成了大象，它的力量足以挣脱铁链，但由于多次失败的经验已经深深地植入它的记忆之中了，它认为自己是没有能力挣脱那条铁链的。于是，它就围着水泥柱度过了它的一生。

乔治受经验型思维定式的影响，使自己失去了自由活动的空间。事实上，我们人类又何尝没有这种问题呢？

经验是人类的宝贵财富，但领导干部如果过分地迷信经验，过分地依赖经验，并形成固定的思维模式，就会制约他的创新能力，从而影响领导工作目标的实现。

第二，改变工作惯性。所谓工作惯性，就是长时期以某种固定的方式和模式去做某项工作。一个人如果禁锢在旧有的工作方法中，以某种固定的角度来观察、分析问题，就会陷入自身的窠臼，遇到难题，也难以找出解决的新路径。

法伯是法国著名科学家。他曾经做过一个著名的“毛毛虫试验”。这种毛毛虫有一种“跟随者”的习性，总是盲目地跟随着前面的毛毛虫走。

试验中，法伯把一些毛毛虫放在一个花盆的边缘上，首尾相接，围成一圈，并在花盆周围不到6英寸的地方撒了一些毛毛虫最爱吃的松针。毛毛虫开始一个跟一个绕着花盆一圈又一圈地走。一个小时过去了，一天过去了，毛毛虫还不停地团团转。又过了六天六夜，它们终于因为饥饿和精疲力竭而死去。

试验结束后，法伯在笔记中写下了这样一句耐人寻味的话：“在这么多毛毛虫中，其实只要有一只稍与众不同，便立刻会避免死亡的命运。”

工作惯性常常使人们陷入僵局，甚至置人们于死地。毛毛虫之死告诉我们的就是这个道理。

王安电脑公司曾经是一家闻名全球的企业，但后来却倒闭了。关于王安电脑公司的破产原因，许多分析家多有论及。虽然破产原因仁者见仁，智者见智，但有一点几乎形成共识，就是王安电脑公司战略决策失误。当个人电脑已经萌芽生发时，王安电脑公司还死抱着文字处理机不放，按以往的工作惯性运行产品，不思考战略转型。比尔·盖茨曾经感慨：“如果王安能够完成他的第二次战略转型，世界上恐怕就没有今日的微软，我也不会成为个人电脑时代的‘英雄’，而只是在某个地方成了一位数学家或一位律师。”

第三，培养有益于创新的思维方式。培养有益于创新的思维方式，其逻辑起点是要建立起“一切都是可能的”这样一种哲学观念。现代创新理论的提出者约瑟夫·熊彼特认为，创新就是生产要素的重新组合。

让我们来看一道有趣的测试题：1 + 1 = 1；2 + 1 = 1；3 + 4 = 1；4 + 9 = 1；5 + 7 = 1；6 + 18 = 1。

怎样才能得出这样的结果呢？一句话就可以道破天机：只要我们给这些数字加上适当的单位名称，其结果就可以成立了，而且还完全正确。即 1（里）+ 1（里）= 1（公里）；2（月）+ 1（月）= 1（季度）；3（天）+ 4（天）= 1（周）；4（点）+ 9（点）= 1 点（13 点即下午 1 点）；5（月）+ 7（月）= 1（年）；6（小时）+ 18（小时）= 1（天）。

这个有趣的数字游戏告诉我们：在生活中，有些东西看似不可思议，看似复杂难解，但只要我们换一个思考问题的角度，跳出习惯的思维框框，就会得出异乎寻常的答案。这就是创新思维。

这种创新思维让我们看到了怎样将不可能变为可能。请看“哈桑借据法则”：一位商人向哈桑借了 2000 元，并打了借条。在还钱的期限快到的时候，哈桑突然发现借据丢了。他万分焦急。他的朋友纳斯列金知道此事后，对他讲：“你给这个商人写封信去，要他到时候把向你借的 2500 元还给你。”

哈桑虽然迷惑不解，但他还是照着朋友纳斯列金的话做了。

信寄出后，很快就收到了回信。商人在信中写道："我向你借的是 2000 元，不是 2500 元，到时候就还给你。"

一是逆向思维。逆向思维是指人们在思考问题时跳出常规，逆事物的常规方向去寻找解决问题的办法。说得简单点，就是"倒过来想"。一切事物都有两面性，从相反的角度去思考，有时会有出人意料的效果。

日本丰田汽车公司的创造人丰田喜一郎就说过："如果我取得了一点成功的话，那是因为我对什么问题都倒过来思考。"

逆向思维的最大特点，就在于改变常规的思维轨迹，用新的角度、新的方式研究和处理问题。

美国阿拉斯加州有一种珍稀的鹿，政府专门设立了一个自然保护区，对它们精心看护照管。开始时，管理人员为了不使鹿群受到伤害，便将狼、豹等动物驱逐"出境"。鹿群生活在没有任何危险的"安乐窝"之中。渐渐地，管理人员发现，这些鹿的活动量逐渐减少，体质也变得越来越差，许多鹿因为抵抗力弱而死亡。怎样才能使鹿群恢复原来的生机呢？管理人员决定，从外地"引进"鹿的天敌——狼。狼被"引进"之后，鹿为了生存，整天来回奔跑。结果，没过多长时间，这些鹿的体质和生命力都大为增强。

这就是逆向思考的方法。狼本来是鹿的天敌，但天敌锻炼了鹿的体魄。一个疑难问题，就这样简单地解决了。

二是发散思维。发散思维是从一个目标出发，沿着各种不同的路径去思考，探求多种解决问题的思维方式。其思维活动的轨迹，就像草地里的旋转喷头一样，朝不同的方向作立体式的发散思考。

发散思维的鲜明特征，就是在思维过程中充分发挥人的想象力。因此，培养发散思维，就要养成一种发散性思维的习惯，不管遇到任何的问题，首先要想到还有没有别的可能性。

相传，古希腊的佛里几亚国王葛第士以非常奇妙的方法在战车的轭上打了一串结。他预言：谁能打开这个结，就可以征服整个亚洲。一直到公元前 334 年，还没有人能打开。

这时候，亚历山大率大军侵入小亚细亚，他来到葛第士绳索前，不假思索便拔剑砍断了绳结。后来，他一举占领了比他的国家大 50 倍的波斯帝国。

亚历山大为什么能够打开葛第士的结？除了他那果敢的性格外，更重要的是他完全抛弃了传统的思维方式。别人在“解”上做文章，他则挥刀断之。这一不同常规的“砍”表明了亚历山大的思维异于常人。

三是转向思维。转向思维是指人们在思考问题时，其思路在一个方向上受阻时，便马上转向另一个方向，这就是“打得赢就打，打不赢就走”，或者说是“换一个地方打井”。

“换一个地方打井”是著名思维学家、“创新思维之父”德波诺提出的概念。这个概念的意思非常明确，就是在碰到难以解决的问题时，不要一条道走到黑，要学会转换思路。思路一变，问题就可能迎刃而解。

当年，在美国西北某地，一到冬天，电影院里就常有戴帽子的女观众。她们的帽子很影响后面观众的视线。为此，放映员多次打出“影片放映时请勿戴帽”的字幕，但始终无人理睬。

后来，放映员经人指点，打出了一则通告，通告说：“本院为了照顾衰老、高龄的女观众，允许她们照常戴帽子，不必摘下。”

这个通告一出，所有戴帽子的女观众都摘下了帽子。因为她们谁都不愿意被看作“衰老、高龄”之人。

这则通告的成功就源于适合女性心理特点的思维转向。事实说明，思维转向往往能以低成本的投入收获高效益。

有的问题经过一次转向就能解决问题，有的要经过多次转向，才能获得新方法、新方案。

从前，有个国王，不仅腿瘸，一只眼睛还是瞎的。别看他的尊容不怎么样，却喜欢让画家给他画像。这天，适逢他八十大寿。他传下旨令，让国内所有著名的画家，都到皇宫来为他画像。

诏令一下，画家们不敢怠慢，立刻飞马扬鞭赶到了皇宫。最先为国王画像的是一位五十来岁的画家，他自以为画技高超，画个人物像不在话下，便挥笔凝神为国王画了起来。还甭说，没用多少时间，他便为国王画成了画像。在场的大臣都说画得太像了，可是，国王看了，却很是恼怒，认为这像画得太丑了。想一想，这瘸腿瞎眼的画像，怎么能漂亮？因此，恼怒的国王下令，把这位画家给杀了。

接着，又一位画家出场了。他吸取前一位画家的教训，将国王画成了眼不瞎、腿不瘸的正常人，而且双眼还画得炯炯有神。他以为这幅画像肯定能得到国王的认可，或许还会获得封赏。谁知，国王仍不满意："这画像根本不像我，分明是嘲讽我。"于是，这位画家又做了刀下鬼。

轮到第三位画家了。这是一位非常年轻的画家，年纪虽轻，倒很自信。只见他拿着画笔，端详了一会儿国王，又沉思了片刻，便在纸上潜心画了起来。没过多久，画像完成了。国王一看，高兴得叫起来，并赏给他黄金 50 两。大臣们也附和着喊："真棒！真棒！"

你知道这位年轻的画家为国王画的是一幅什么样的像吗？他画的是一幅《国王游猎图》。

画面上，国王正在射箭。他左腿弓起，右腿跪地，手拉弓弦，一只眼闭，一只眼睁，瞄准着前方的一只野兔。

看到这儿，我们自然明白了，为什么前两位画家被杀，后一位年轻画家得赏了。

在这个故事中，第一位画家思维角度没选好，送了命；第二位画家一看第一位画家丢了命，就转换了一个角度，但也没转好；第三位画家在前两位的基础上，重新又转换了角度，结果获得了成功。

其实，国王的瞎眼、瘸腿依旧存在，但眼瞎、腿瘸的缺陷让闭目、跪地的姿势全遮掩住了。这样遮掩，既不失其真，又不显其丑，难怪会让国王满意。

4. 从毛泽东的经验看涵养智慧

“读书是学习，使用也是学习，而且是更重要的学习。从战争学习战争——这是我们的主要方法。没有进学校机会的人，仍然可以学习战争，就是从战争中学习。革命战争是民众的事，常常不是先学好了再干，而是干起来再学习，干就是学习。”[①]

“从战争中学习战争”，就是在实践中学习，在实践中涵养智慧。周恩来当年曾经作有一联：“与有肝胆人共事，从无字句处读书。”“从无字句处读书”，也是善于向实践学习。

1965 年 7 月 26 日，毛泽东在中南海接见刚从海外归来的原国民党政府代总统李宗仁先生和他的夫人。接见中，毛泽东突然问李宗仁的机要秘书程思远：“你知道我靠什么吃饭吗？”程思远不知所对。毛泽东告诉他：“我是靠总结经验吃饭的。以前人民解放军打仗，在每个战役后，总来一次总结经验，发扬优点，克服缺点，然后轻装上阵，乘胜前进，从胜利走向胜利，终于建立了

① 《毛泽东选集》第 1 卷，人民出版社 1991 年版，第 181 页。

中华人民共和国。”①

聂凤智（1913 年 9 月—1992 年 4 月 3 日），是中华人民共和国开国中将。虽然他个头不高，相貌平平，但却是一位智勇双全的常胜将军。他几乎指挥和参加过人民军队各种不同类型的战斗、战役，甚至包括陆海空协同作战。他还担任过抗大一分校胶东分校校长。聂凤智有个学习方法，就是“查战斗”。

所谓“查战斗”，就是每打一仗，总结一下，提高一步，再打一次更漂亮的胜仗。如果条件允许，聂凤智还会把干部战士带回到作战现场，重复作战过程，切磋指挥得失，也就是“从战争中学习战争”。

“从战争中学习战争”，即善于向实践学习，是成就智慧领导的一条重要规律。

第一，实践出真知。毛泽东说过：“人的正确思想是从哪里来的？是从天上掉下来的吗？不是。是自己头脑里固有的吗？不是。人的正确思想，只能从社会实践中来，只能从社会的生产斗争、阶级斗争和科学实验这三项实践中来。”②

有这样一个故事：有个人准备了一些材料要盖房子。盖房的工匠对他说：“这些木材刚伐下来还没晾干，况且泥也是湿的。木材不干会变弯，泥湿会增加重量。现在虽然用这些材料也能盖

① 《毛泽东和党外朋友们》，团结出版社 1996 年版，第 58 页。转引自张太原等：《跟毛泽东学工作方法》，人民出版社 2021 年版，第 189 —190 页。
② 《毛泽东著作选读》下册，人民出版社 1986 年版，第 839 页。

成房子，但不久势必塌毁。”他不相信，说：“书上讲‘木受绳则直’，木工用墨绳把木材弄直了，怎么还会弯？而泥干了会变轻，怎么会增加重量？”

工匠不再说话，便帮他把房子盖了起来。过了一段时间，他的房子果然塌了。

工匠可能没有读过书，但他却有着丰富的实践经验。实践出真知。此人不相信工匠的实践经验，执着于书本，结果吃了大亏。

第二，实践出真情。领导干部要做好领导工作和其他各种工作，必须了解真实的实际情况，这真实的实际情况不可能来自主观臆测，也不可能是道听途说，而是来自实践。

第三，实践出真理。辩证唯物主义认为，实践是认识的唯一源泉，实践也是认识发展的动力和检验认识是否正确的标准。真理只有经过实践的检验才能成为真理，而实践只能是社会的实践、人民群众的实践。

为什么强调涵养智慧要向实践学习？因为只读书，不向实践学习，就是纸上谈兵。

史书记载，赵括从小就学习兵法，谈论兵家大事，认为天下没有能比得上他的。他曾经和父亲赵奢谈论兵事，父亲都难不倒他。但他父亲并不认为他有能力。赵括的母亲问赵奢其中的原因，赵奢回答说：“战场，是生死攸关的地方，而赵括太轻率地讨论它了。如果赵王不让他当将军就罢了，如果一定要让他当将军，打败赵军的人一定是赵括自己。”

赵括代替了廉颇以后，变更了全部军法，轻率地任用军官。秦国将军白起听说以后，指挥奇兵，假装打败撤退，而断绝赵军的粮道，把赵军一分为二，导致赵军士气不能凝聚。被困 40 多天，赵军非常饥饿，赵括亲自指挥精兵搏战，秦军用箭射死了赵括。赵括的军队大败，数十万赵军投降了秦国，秦国将他们全部活埋了。

赵括为什么会被射杀？就是因为他只知道死读书本，而忽略了向实践学习。他只知道从书本出发，生搬硬套现成的原则、原理去处理问题，把书本当教条，岂能不败？

领导干部向实践学习，就要深入实践，当书本知识与实践发生矛盾时，要听实践的。实践是检验真理的唯一标准，也是成就智慧领导不可或缺的路径。